S

Sacré-Cœur

La Villette

MONTMARTRE   Gare du Nord

Gare de l'Est

Parc des
Buttes-Chaumont

Canal St-Martin

Place de la République

usée du
ouvre
Forum
des Halles

Centre
Georges Pompidou

Cimetière du
Père-Lachaise

Notre-Dame

    QUARTIER
Ile de la Cité   DU MARAIS

in-des-Prés
Bd. St-Germain   Ile St-Louis Bd. Henri IV
Sorbonne
Opéra
Bastille
Bd. Diderot

Place de la Nation

Institut du
Monde Arabe   Gare de Lyon
Panthéon   Jardin des Plantes
QUARTIER LATIN   Ministère des Finances

du Montparnasse   Gare
d'Austerlitz

Palais Omnisport
de Paris-Bercy

SE   Place d'Italie   Bois de Vincennes

  Bibliothèque Nationale
Parc Montsouris

Seine

rsitaire

Salut, tout facile!
—nouvelle édition—

Yasuko Tanabe
Hisako Nakano
Keiko Taguchi
Akatane Suenaga

SURUGADAI-SHUPPANSHA

音声について

本書の音声は、下記サイトより無料でダウンロード、およびストリーミングでお聴きいただけます。

https://stream.e-surugadai.com/books/isbn978-4-411-00835-0/

＊ご注意
- PC からでも、iPhone や Android のスマートフォンからでも音声を再生いただけます。
- 音声は何度でもダウンロード・再生いただくことができます。
- 当音声ファイルのデータにかかる著作権・その他の権利は駿河台出版社に帰属します。無断での複製・公衆送信・転載は禁止されています。

本文デザイン・表紙：小熊未央
イラスト：BBCat（斉藤昌也）
阿部文香

はしがき

　Salut, tout facile はフランス語に始めて触れる人が，楽しみながらゆっくりとマスターするために作られたテキストです．

　従って文法は最小限に留めました．コミュニケーションに役立つ表現を学習の中心に据え，フランス語を恐れずに口にできるようになることが目的です．音声を良く聴き，お友達とペアーになって恥ずかしがらずに，大きい声を出して練習してください．

　語学学習は異文化に触れる良い機会でもあります．各課にはフランスの文化，社会などさまざまな情報がわかりやすく載っています．DVD の映像を大いに活用して，日本との違いや，今まで知っていたフランスとは違うフランスを発見してください．

お使いくださる先生方に

　このテキストはご好評いただいている Salut ! をさらに簡潔にまとめたものです．週一コマ，一年間で余裕をもって終えることができるよう，文法事項を最小限に留め，単語や練習問題の分量を工夫して構成されています．

　各 Unité の例文のすぐ横に基本単語を載せましたので直ちに代替練習に活用できます．見開きの次ページには例文理解に必要な主な文法事項を配置しましたので，例文と対応させながら進めてください．

　また civilisation の補完に Salut ! オリジナルの DVD をあわせてご利用いただければ幸いです．

著　者

目 次

課	テーマ	主な表現	文法項目・動詞・語彙	page
LEÇON **00**	簡単なあいさつ 役に立つひとこと フランスはどんな国？	Bonjour, Madame. Salut, Paul.	アルファベ 綴り字の読み方	6
LEÇON **01**	国籍・職業・名前をいう	Je suis japonaise. Je suis étudiante. Je m'appelle Miki.	● 名詞の性・数 ● リエゾン・アンシェヌマン ・ être ・ 国籍，職業 ・ フランス人の名前	9
LEÇON **02**	住んでいる所・ 言語・学科をいう たずねる（どこ？）	J'habite à Tokyo. Je parle français. J'étudie l'histoire.	● -er 型規則動詞 ● 否定（ne...pas） ● 定冠詞 ● 数（1～10） ・ habiter, parler, étudier ・ 都市，言語，学科	13
LEÇON **03**	家族・年齢をいう 好みをいう	J'ai un frère. J'ai 19 ans. J'aime le foot.	● 不定冠詞 ● 否定文中の de ● 数（11～20） ・ avoir, aimer ・ 家族，趣味	17
LEÇON **04**	食べる，飲む たずねる（何？ いくつ？）	Tu manges du fromage. Qu'est-ce que tu 　prends ... ? Combien de ... ?	● 部分冠詞 ● il y a ... ● qu'est-ce que ... ?　combien ? ・ manger, boire, prendre ・ 食べ物，飲物	21
LEÇON **05**	人・物を描写する たずねる （誰？ どのような？）	Il est grand. Qui est-ce ? C'est mon frère. J'ai un petit chien.	● 形容詞の性・数，位置 ● 所有形容詞 ● 指示代名詞 ● 数（20～60） ● qui ?　comment ? ・ 形状，性質，性格	25
LEÇON **06**	行く 来る	Je vais en France. On va au cinéma. Il vient avec moi.	● 定冠詞の縮約（à） ● 疑問文3型 ● 人称代名詞強勢形 ● 数（60～100） ・ aller, venir ・ 国名，行き先	29

課	テーマ	主な表現	文法項目・動詞・語彙	page
LEÇON 07	時刻 たずねる（何時？ 何時に？ いつ？）（何をする？）	Il est trois heures. À quelle heure ... ? Je fais la vaisselle.	● -ir 型規則動詞 ● quel ?　quand ? ・finir, faire ・faire の慣用表現 ・家事	33
LEÇON 08	近い未来・近い過去をいう したいこと・できることをいう たずねる（なぜ？） 痛いという	Je vais voyager. Je viens de rentrer. Je veux visiter le Louvre. Je peux sortir. J'ai mal à la tête.	● 近接未来，近接過去 ● pourquoi ? ・vouloir, pouvoir ・avoir mal à ... ・乗り物，旅行，身体の部分	37
LEÇON 09	日常の行動をいう 午前・午後・週などをいう 天候をいう	Tu te lèves tôt ? Il fait beau.	● 代名動詞 ● 指示形容詞 ● 非人称（il fait ...） ・se lever ・時の表現（週，月，季節）	41
LEÇON 10	場所をいう 道順をいう 命令・義務の表現	Où est le café ? Il est devant ... Allez tout droit. Il faut changer à ...	● 定冠詞の縮約（de） ● 命令形 ● 前置詞（場所） ● 非人称（il faut ...） ● 序数 ・devoir ・さまざまな場所	45
LEÇON 11	過去のことを語る（1） 否定表現（1）	J'ai joué au tennis. Je n'ai pas acheté ... Je n'en ai plus.	● 複合過去（avoir＋過去分詞） ● さまざまな否定表現（1） ● 中性代名詞（en） ・趣味 ・通信	49
LEÇON 12	過去のことを語る（2） 否定表現（2）	Je suis allé au musée. Il n'est pas venu. J'y pense. Je ne vois rien.	● 複合過去（être＋過去分詞） ● さまざまな否定表現（2） ● 中性代名詞（y）	53

実用フランス語技能検定試験　5 級　対策問題 57

Civilisation

君とあなた	12	ブリコラージュ	36
バカロレア	16	パリ	40
フランス人とスポーツ	20	フランスの気候と暮らし	44
メニュー	24	パリの住居表示システム	48
フランスの家族	28	ワイン	52
世界の中のフランス語	32	地下鉄（メトロ）	56

LEÇON 0

02 **アルファベ　alphabet**

A	a	[a]	H	h	[aʃ]	O	o	[o]	V	v	[ve]
B	b	[be]	I	i	[i]	P	p	[pe]	W	w	[dubləve]
C	c	[se]	J	j	[ʒi]	Q	q	[ky]	X	x	[iks]
D	d	[de]	K	k	[kɑ]	R	r	[ɛːr]	Y	y	[iɡrɛk]
E	e	[ə]	L	l	[ɛl]	S	s	[ɛs]	Z	z	[zɛd]
F	f	[ɛf]	M	m	[ɛm]	T	t	[te]			
G	g	[ʒe]	N	n	[ɛn]	U	u	[y]			

03 ①　次の略語をアルファベで読んでみましょう．

　　SNCF　　　フランス国有鉄道
　　BNP　　　 パリ国立銀行
　　RER　　　 首都圏高速交通網
　　RATP　　　パリ市交通公団

②　自分の名前をローマ字で書いてアルファベで発音しましょう．
　　Je m'appelle ＿＿＿＿＿＿＿＿＿＿＿＿＿＿＿＿＿＿＿＿＿
　　　私の名前は＿＿＿＿＿＿＿＿＿＿＿＿＿＿です．

04 **綴り字の読み方**　これだけは覚えましょう．

フランス語の綴り字の読み方は規則的です．主な規則を覚えましょう．

ai	[ɛ]	エ	café au lait
au, eau	[o]	オ	restaurant, chapeau
ou	[u]	強いウ	rouge
eu	[ø, œ]	開いたウ	bleu
oi	[wa]	ワ	croissant
in / ain	[ɛ̃]	アン（鼻母音）	fin, pain
ch	[ʃ]	シュ	chanson

＊語末の e は原則として発音しない．　　crème
＊語末の子音字は原則として発音しない．　Paris
＊ただし c, r, f, l は読むことが多い．　　avec
＊h は発音しない．　　　　　　　　　　　hôtel

6　LEÇON 00

Salut, tout facile

綴り字記号

アクサン・テギュ	é	été
アクサン・グラーブ	à, è, ù	à, où
アクサン・シルコンフレックス	â, ê, î, ô	hôtel
セディーユ	ç	ça

05 簡単なあいさつ

Bonjour, Monsieur.
Bonjour, Mademoiselle.

Bonsoir, Madame.
Bonsoir, Monsieur.

Salut, Yoko.
Salut, Paul.

Au revoir, Monsieur. (Yoko)
Au revoir, Madame. (Paul)

Ça va ?
Oui, ça va, et toi ?
Ça va.

Comment allez-vous ?
Très bien, merci, et vous ?
Très bien, merci.

05 役に立つひとこと

Merci.	ありがとう.
De rien.	どういたしまして.
Pardon.	失礼／もう一度言ってください.
Excusez-moi.	失礼／すみません.
S'il vous plaît.	お願いします.

LEÇON 00 | 7

フランスはどんな国？

1 フランスの人口は約（① 5500万　② 6700万　③ 8000万）でおよそ日本の2分の1である．

2 フランスの国旗の色は（①白と赤　②青と赤　③青，白，赤）である．

3 フランスの国土面積は日本の約（① 1.5倍　② 2倍　③ 2.5倍）である．

4 フランスの通貨は（①ポンド　②ユーロ　③フラン）である．

5 フランスの大統領の任期は（① 4年　② 5年　③ 7年）である．

6 フランスの消費税は（① 5.5%　② 10%　③ 19.6%）である．

7 フランスの女性は一生のうちで（① 1.2人　② 1.5人　③ 2.0人）の子供を生む．

8 フランスの法定年次有給休暇は（① 3週間　② 4週間　③ 5週間）である．

9 フランス人の好きなスポーツは（①野球　② テニス　③サッカー）である．

10 パリのエッフェル塔は東京タワーより（①高い　② 低い）．

LEÇON 00

この課で学ぶこと ★★★★★★★★★★★★★★★★★★★★★

表現	国籍・職業・名前をいう
文法	動　詞：être 名詞の性：男性名詞，女性名詞 名詞の数：単数名詞，複数名詞
語彙	国籍（〜人），職業

LEÇON 01

Salut!

06

Paul： Tu es chinoise ?

Miki： Non, je suis japonaise.
　　　　Et toi, tu es français ?

Paul： Oui, c'est ça. Tu es étudiante ?

Miki： Oui, je suis étudiante à l'université Heisei.

Paul： Tu t'appelles comment ?

Miki： Je m'appelle Miki Matsuno, et toi ?

Paul： Je m'appelle Paul, Paul DUBOIS.

Miki： Enchantée.

Paul： Enchanté.

各国の学生寮のある大学都市

単語帳

tu　（親しい間で）きみは，あなたは
es, suis, est < être　〜である
chinois(e)　中国人（の）
je　私は
japonais(e)　日本人（の）
et　そして
toi　（親しい間で）きみ，あなた
c'est ça　そうです
étudaint(e)　学生
à　〜に
université　囡大学
t'appelles, m'appelle < s'appeler　〜という名前です
enchanté(e)　よろしく

LEÇON 01　9

表現　下線部をうめてペアーで練習しましょう.

07　1-1　国籍をいう

1) Tu es japonaise ?

— Oui, ___je suis japonaise___ .

2) Vous êtes _____ ? (フランス人)

— Non, _____ . (イギリス人)

3) Elles _____ ? (日本人)

— Non, _____ . (韓国人)

08　1-2　職業・身分をいう

前に何もつかない

1) Tu es lycéen ?

— Oui, ___je suis lycéen___ .

2) Vous êtes étudiant ?

リエゾン

— Non, _____ .

(ジャーナリスト)

3) Elle est _____ ? (デザイナー)

— Non, _____ . (医者)

アンシェヌマン

09　1-3　名前をいう

1) Tu t'appelles comment ?

— Je m'appelle _____ .

(自分の名前をいいましょう)

2) Vous vous appelez comment ?

— Je m'appelle _____ .

(自分の名前をいいましょう)

3) Elle _____ ? (彼女の名前は？)

— Elle _____ Michelle.

名詞

①男性名詞に -e を付けて女性名詞をつくる名詞

étudiant(e)　学生
lycéen (lycéenne)　高校生
employé(e)　サラリーマン
avocat(e)　弁護士

②男女同形の名詞

professeur　教師
journaliste　ジャーナリスト
styliste　デザイナー
médecin　医者

フランス人の名前

［女性］

Emma　　Camille
Louise　　Sarah
Marie　　Léa

［男性］

Alexandre　Rahaël
Paul　　　Thomas
Gabriel　　Antoine

10 | LEÇON 01

Salut, tout facile

🗨ポイント

10 ① être の活用形 （英語の be 動詞）

主語	動詞 être	主語	動詞 être
je	suis	nous	sommes
tu	es	vous	êtes
il	est	ils	sont
elle	est	elles	sont

（vous êtes：つなげて読む）
（il est, elle est：つなげて読む）

11 ② 名詞

すべての名詞は男性名詞 (*ex.* café) と女性名詞 (*ex.* table) に分かれる．ただし，国籍や職業の名詞では男性名詞に **-e** をつけると女性名詞になる．また男女ともに単数名詞に **-s** をつけると複数名詞になる．（もともと -e, -s で終わっている名詞はそのまま女性名詞，複数名詞として用いられる．）

● 性数変化

	m.（男）	*f.*（女）	*m.pl.*（男・複）	*f.pl.*（女・複）
日本人	Japonais	Japonaise	Japonais	Japonaises
フランス人	Français	Française	Français	Françaises
イギリス人	Anglais	Anglaise	Anglais	Anglaises
韓国人	Coréen	Coréenne	Coréens	Coréennes

Je suis japonais(e)*.   *être と共に用いるときは語頭を小文字にする．

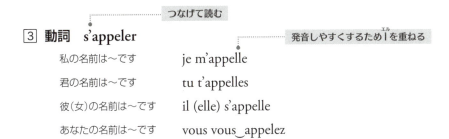

③ 動詞　s'appeler　（je m'appelle：つなげて読む）（発音しやすくするため l を重ねる）

私の名前は〜です	je m'appelle
君の名前は〜です	tu t'appelles
彼（女）の名前は〜です	il (elle) s'appelle
あなたの名前は〜です	vous vous appelez

🔊 発音

フランス語では母音で始まる語の前ではリエゾンやアンシェヌマンをすることが多い．

リエゾン：　　単独では発音されない語末の子音字と次にくる母音字をつなげて発音する．
　　　　　　　Vous êtes étudiant.

アンシェヌマン：　単語の最後の子音字と次の単語の語頭の母音字をつなげて発音する．
　　　　　　　Il est avocat.

☞ ⁀ ⌒ のスラーは発音のための注意です．ふつうは書きません．

LEÇON 01 | 11

Exercices et Activités

1 次の文の主語を（　）内の指示のように変えて文を書き換えましょう．

1) Il est journaliste. (Elle)
   _____

2) Je suis étudiante. (Nous)
   _____

3) Vous vous appelez comment ? (Tu)
   _____

4) Elle est avocate. (Ils)
   _____

5) Elle s'appelle Naomi Yamada. (Je)
   _____

2 2人ずつ組んで自己紹介をし合いましょう．

3 AとBの人物になり，ディアローグにならって会話をしましょう．
（tu と vous の両方でしましょう）

A Paul Laloux Français professeur	**B** Yuri Yasui Japonaise étudiante

4 空欄にそれぞれの国籍の適当な形を入れて表を完成させましょう．

	中国人	アメリカ人	イタリア人
m.	Chinois	Américain	Italien
f.	1)	4)	7)
m.pl.	2)	5)	8)
f.pl.	3)	6)	9)

君とあなた

Civilisation

英語では相手のことは you で呼びますが，フランス語では tu あるいは vous が用いられます．tu は友達や親しい関係の人に，vous は初対面や目上の人などに対して使います．また，vous は「君たち，あなた方」という複数の意味でも用いられます．ですから vous は「あなた」「あなた方」「君たち」の 3 つの意味があることになります．

パリ，エッフェル塔

LEÇON 01

この課で学ぶこと ★★★★★★★★★★★★★★★★★★★★

表現	住んでいる所・言語・学科をいう
文法	動　詞：habiter　住む （-er 動詞）：parler　話す 　　　　　：étudier　学ぶ 定冠詞：le (l'), la (l'), les 否定表現：ne (n') … pas 疑問詞：où？ どこ？ 数　　　：1 〜 10
語彙	言語，学科

LEÇON 02

Salut!

Paul： Tu habites où ?

Miki： J'habite à Paris.

Paul： Tu parles bien français.
　　　 Tu parles chinois ?

Miki： Non, je ne parle pas chinois.

Paul： Tu étudies quoi ?

Miki： J'étudie la sociologie.

フランスの大学の入口

単語帳

habites, habite < habiter　住む，住んでいる [-er 動詞]
où　どこ
parles, parle < parler　話す [-er 動詞]
bien　じょうずに
français　⑨ フランス語
chinois　⑨ 中国語
ne...pas　〜でない
étudies, étudie < étudier　学ぶ [-er 動詞]
quoi　何を
sociologie　⑨ 社会学

LEÇON 02 | 13

表現　下線部をうめてペアーで練習しましょう.

(14) **2-1** 住んでいる所

1) Tu habites à Tokyo ?

— Non, ___j'habite___ à Chiba.

くだけた表現

2) Vous＿＿＿＿＿＿＿＿＿＿＿＿＿＿＿＿ où* ?

— Nous＿＿＿＿＿＿＿＿＿＿＿＿＿ au Japon.

3) Elle‿habite où ?

— ＿＿＿＿＿＿＿＿＿＿＿＿＿＿＿. （フランスに）

NOTE 都市・国

～に（都市）à　Osaka, à　Chiba,
　　　　　　à　Lyon, à　Versailles
　（国）**au** Japon, **en** France

* 疑問詞　**où ?**　どこ？

---

(15) **2-2** 話せる言語

-s を忘れないで

1) Tu parles japonais ?

— Oui, ___je parle japonais___ .

言語を話すときには冠詞をつけない

2) Vous parlez anglais ?

— Non, ＿＿＿＿＿＿＿＿＿＿＿＿. （フランス語）

3) Elles ＿＿＿＿＿＿＿＿＿＿＿＿＿ ? （中国語）

— Non, elles ＿＿＿＿＿＿＿＿＿＿. （韓国語）

4) Tu parles anglais ? （自分のことを答えましょう）

— ＿＿＿＿＿＿＿＿＿＿＿＿＿＿＿.

NOTE 言語（男性名詞）

le japonais	日本語
le chinois	中国語
l'italien	イタリア語
l'anglais	英語
le français	フランス語
le coréen	韓国語

---

(16) **2-3** 学んでいること

1) Tu étudies quoi ?　*くだけた表現*

— ___J'étudie___ la littérature.

2) Il ＿＿＿＿＿＿＿＿＿＿＿＿＿＿＿＿ ?

— Il ＿＿＿＿＿＿＿＿＿＿ l'informatique.

3) Elle ＿＿＿＿＿＿＿＿＿＿ le français ?

— Non, ＿＿＿＿＿＿＿＿＿＿＿＿. （英語）

言語を学ぶときには冠詞をつける

NOTE 学科

l'histoire (*f.*)	歴史
la philosophie	哲学
la sociologie	社会学
l'informatique (*f.*)	情報学
les mathématiques (*f.pl*)	数学
la science économique	経済学

14 | LEÇON **02**

Salut, tout facile

💬 ポイント

17 **1** **-er 型規則動詞**

> **-er 型規則動詞の活用語尾（現在形）**
> （-er 動詞）　je　— e　nous — ons
> 　　　　　　tu　— es　vous — ez
> 　　　　　　il　— e　ils　— ent
> 　　　　　　elle — e　elles — ent

不定法（原形）の語尾が -er で終っている動詞の語尾活用は，同じパターンで変化する.

h は発音しない

動詞　habiter

エリジオン

j'	**habite**	nous	**habitons**
tu	**habites**	vous	**habitez**
il	**habite**	ils	**habitent**
elle	**habite**	elles	**habitent**

動詞　parler

je	**parle**	nous	**parlons**
tu	**parles**	vous	**parlez**
il	**parle**	ils	**parlent**
elle	**parle**	elles	**parlent**

🖊 **発音**

エリジオン（母音字省略）：je, le, la, ne などの後ろに母音または無音の h がくる場合は j', l', n' にする.

18 **2** **否定**　　| ne + 動詞 + pas |　（母音で始まる動詞では n' を用いる.）

parler の否定形

je	**ne**	parle	**pas**
tu	**ne**	parles	**pas**
il	**ne**	parle	**pas**
nous	**ne**	parlons	**pas**
vous	**ne**	parlez	**pas**
ils	**ne**	parlent	**pas**

étudier の否定形

エリジオン

je	**n'étudie**	**pas**
tu	**n'étudies**	**pas**
il	**n'étudie**	**pas**
nous	**n'étudions**	**pas**
vous	**n'étudiez**	**pas**
ils	**n'étudient**	**pas**

3 **定冠詞**　　特定化された名詞の前につく.

le (l') + 男性単数名詞	**le** professeur	その教師
la (l') + 女性単数名詞	**l'**étudiante (la)	その女子学生
les + 男性／女性複数名詞	**les** étudiant(e)s	その学生たち

19 **4** **数 (nombres) 1〜10**

1	2	3	4	5	6	7	8	9	10
un(e)	deux	trois	quatre	cinq	six	sept	huit	neuf	dix

LEÇON **02** | 15

Exercices et Activités

1 次の動詞を活用させましょう．

1) marcher（歩く）

je _____
tu _____
il _____
nous _____
vous _____
ils _____

2) écouter（聴く）

j' _____
tu _____
il _____
nous _____
vous _____
ils _____

2 自分自身について次のことをフランス語でいいましょう．

住んでいる所 _____
話せる言語 _____
学んでいる学科 _____

3 自己紹介を聞いて正しいものを○で囲みましょう．

名前は？　　　　　Sophie Marceau / Sophie Dupont / Sophie Dubois
国籍は？　　　　　Anglaise / Italienne / Française
住んでいる所は？　Versailles / Marseille / Madrid
話せる言語は？　　anglais / français / italien
学んでいる学科は？ l'histoire / la philosophie / la sociologie

バカロレア

Civilisation

　6月半ば頃から，一斉に実施される大学入学資格試験です．通称バック(**BAC**) と呼ばれています．日本のセンター試験に相当するものですが，制度的にも内容的にもかなり異なります．日本ではセンター試験を受けなくても私立大学には入学できますが，フランスの大学はほとんどが公立のため，この試験を受けて合格しなければ大学進学はできません．また試験方式はマークシート方式ではなく論文と口頭試問です．
　下記は，一般コースの哲学試験で実際に出題された問題です．

経済および社会系
　1) 労働は拘束でしかないのか？
　2) 時には法に背く必要があるか？
　3) 「人間と獣の真の違い」についてデカルトの説についてコメントせよ．
文学系
　1) 情熱はすべて理性的でないといえるか？
　2) 人間は利によってのみ集団となって生活するのだろうか？
　3) ニーチェのいう自由意志についてコメントせよ．
理数系
　1) 道徳は科学の中で果たすべき役割をもっているか？
　2) 幸福は人間にとって到達できないものか？
　3) スピノザの自由についてコメントせよ．

新国立図書館

この課で学ぶこと ★★★★★★★★★★★★★★★★★★★★★★★

表現	家族・年齢をいう，好みをいう
文法	動　　詞：avoir, aimer 不定冠詞：un, une, des 数　　　：11〜20
語彙	家族，趣味

LEÇON 03

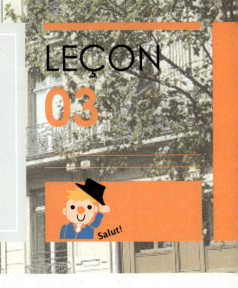
Salut!

21

Miki :　J'ai un frère. Il s'appelle Minoru.

Paul :　Ah bon, il a quel âge ?

Miki :　Il a quinze ans. Il aime le foot. Tu aimes le foot ?

Paul :　Pas beaucoup. Je préfère le rugby.

Miki :　Et toi, tu as des frères ?

Paul :　Non, je n'ai pas de frères, mais j'ai deux sœurs.

オランピア劇場

単語帳

ai, a, as < avoir　持つ，もっている
frère　男 兄弟
ah bon　ああそう
quel âge　何歳
quinze　（数字の）15
an　男 才
aime, aimes < aimer　好き
foot　男 サッカー
pas beaucoup　それほどでもない
préfère < préférer　〜の方が好き
rugby　男 ラグビー
mais　しかし
deux　（数字の）2
sœur　女 姉妹

LEÇON 03 | 17

表 現　　下線部をうめてペアーで練習しましょう.

(22) **3-1** 家　族

1) Tu as des frères et sœurs ?
— Oui, ___j'ai une sœur___ .

2) Tu as des frères et sœurs ?　　**否定文中の de**
— Non, je n'ai pas de sœurs,
mais _____. (弟 1 人)

3) Ils ont des chiens* ?　　*chien 男 犬
— Non, _____,
mais ils ont deux chats*.　　*chat 男 猫

(23) **3-2** 年齢をいう

1) Vous‿avez dix-huit‿ans ?
— Non, _____ dix-huit ans.
J'ai dix-neuf‿ans.　　**[v] の音になる**

2) Tu as quel‿âge ?
— J'ai _____. (15 才)

3) Ils _____?
— Ils _____. (17 才)

(24) **3-3** 好みをいう

1) Tu aimes le foot ?　　**定冠詞は否定でも変らない**
— Non, ___je n'aime pas___ le foot,
mais _____. (テニスが好き)

2) Vous‿_____ le théâtre ?
— Non, _____,
mais j'aime bien le cinéma.

3) _____ aimes les pommes* ?
　　　　　　　　　　　　*pomme 女 りんご
— Oui, _____,
mais je _____ les poires*.
(洋ナシは好きではない)
　　　　　　　　　　*poire 女

☞「好き」,「嫌い」の表現では名詞に定冠詞を付ける. 数えられない
名詞には単数の, 数えられる名詞には複数の定冠詞を付ける.

NOTE → 趣味

le théâtre	演劇
le cinéma	映画
l'opéra (*m.*)	オペラ
la musique	音楽
le sport	スポーツ
le tennis	テニス
la natation	水泳

---

18 | LEÇON **03**

Salut, tout facile

●ポイント

① 不定冠詞　話題の中に初めて出てくる数えられる名詞の前につく.

	m.	*f.*
s.	*un* frère	*une* sœur
pl.	*des* frères	*des* sœurs

25 ●家族関係　不定冠詞 (un, une, des) をつけて発音しましょう

m.		*f.*		*pl.*	
père	父	mère	母	parents	両親
grand-père	祖父	grand-mère	祖母	grands-parents	祖父母
frère	兄弟	sœur	姉妹		
cousin	従兄弟	cousine	従姉妹		
oncle	おじ	tante	おば		
fils	息子	fille	娘		
enfant	子供（男）	enfant	子供（女）		
mari	夫	femme	妻		

26 ② 動詞 avoir

j'	**ai**	nous ‿**avons**
tu	**as**	vous ‿**avez**
il	‿**a**	ils ‿**ont**
elle ‿**a**		elles ‿**ont**

否定形

je	**n'ai pas**	nous	**n'avons pas**
tu	**n'as pas**	vous	**n'avez pas**
il	**n'a pas**	ils	**n'ont pas**
elle	**n'a pas**	elles	**n'ont pas**

③ 否定形　直接目的語についた不定冠詞は否定文中では **de** になる.

J'ai un frère. → Je n'ai pas **de** frère.

④ 動詞 aimer（否定形）

je	**n'** aime	**pas**	nous	**n'** aimons	**pas**
tu	**n'** aimes	**pas**	vous	**n'** aimez	**pas**
il	**n'** aime	**pas**	ils	**n'** aiment	**pas**

27 ⑤ 数 (nombres) 11〜20

11	12	13	14	15	16	17	18	19	20
onze	douze	treize	quatorze	quinze	seize	dix-sept	dix-huit	dix-neuf	vingt

LEÇON **03** | 19

Exercices et Activités

1 次の疑問文に否定で答えましょう．

ex. Ils sont lycéens ? → Non, ils ne sont pas lycéens.

1) Vous avez une voiture* ? _____
2) Sophie parle anglais ? _____
3) Les enfants ont des bonbons** ? _____
4) Jacques habite à Lyon ? _____
5) Elle aime le tennis ? _____

*voiture 車　　**bonbon あめ

2 (　) の中に être か avoir の現在形を入れましょう．

1) Vous (　　　　) français.
2) J'(　　　　) un livre.
3) Elles (　　　　) des amis à Londres.
4) Anne (　　　　) 19 ans.
5) Nous (　　　　) étudiants.

3 音声を聞いて次の質問に答えましょう．

	Jean	Michel
年　齢		
好きなもの		
嫌いなもの		

4 音声を聞いて (　) 内に数字を書きましょう．

1) Tu n'as pas (　　) euros ?
2) Elle a (　　) ans.
3) Il achète (　　) pommes.
4) Il habite (　　) rue de l'Opéra.
5) Le frère de Miki a (　　) ans.

 フランス人とスポーツ　　*Civilisation*

　フランスでの国民的なスポーツはサッカーです．2022年行われたサッカーのワールドカップでのフランスの準優勝は記憶に新しいところです．また自転車競技も盛んです．毎年7月には **Le Tour de France** という自転車でのフランス一周の競争が行われ，通過する各地で人々は熱狂的に応援します．優勝者には **maillot jaune**（イエロージャケット）が贈られます．テニスも盛んです．全仏オープンはブーローニュの森の中にある有名なコート，ロランギャロスで行われます．日本の武道の空手，柔道なども大変人気があります．

パリ市内の競技場

LEÇON 03

この課で学ぶこと ★★★★★★★★★★★★★★★★★★★★

表現	食べる，飲む
文法	動　詞：manger　食べる
	boire　　飲む
	prendre　食べる，飲む，取る
	部分冠詞：du, de la, de l'
	疑問詞：qu'est-ce que …？ 何～？
	combien？　　　いくつ？
	il y a … ：～がある
語彙	食べ物，飲物

LEÇON 04

Salut!

30　Paul :　Qu'est-ce que tu prends ?

　　Miki :　Je prends du chocolat. Et toi ?

　　Paul :　Moi, je prends du café.

　　　　　（Au garçon）Un chocolat et un café, s'il vous plaît.

　　　　　……

　　　　　Au Japon, qu'est-ce que tu prends au petit déjeuner ?

　　Miki :　Ça dépend des jours. Mais je mange souvent du riz et

　　　　　de la soupe de miso.

☆カフェなどで注文するときには un café, deux cafés などのように数詞をつけます．

パリの市場

単語帳

qu'est-ce que　何
prends < prendre　取る，食べる，飲む
chocolat　男 ココア，チョコレート
moi　ぼく，私
café　男 コーヒー
garçon　男 少年，ウエイター
s'il vous plaît　お願いします
petit déjeuner　男 朝食
ça dépend de…　～による
jour(s)　男 日
mange < manger　食べる
souvent　しばしば
riz　男 米，ご飯
soupe de miso　女 味噌汁

LEÇON 04 | 21

表現　　下線部をうめてペアーで練習しましょう.

(31) **4-1**　**食べる，飲む，食べない，飲まない**

1) Tu manges du fromage ?

— Non, ___je mange___ des fruits.

2) Ils boivent du vin ?

— Non, _____. (ビール)

3) Tu bois du vin ?　　**de に変わる**

— Non, _____ de vin.

4) Vous mangez de la salade ?

— Non, _____.

飲　物

du thé (vert)	紅茶（緑茶）
du café (au lait)	コーヒー（カフェオレ）
du vin	ワイン
du jus de fruit	フルーツジュース
de l'eau (minérale)	水（ミネラルウォーター）
de la bière	ビール
du lait	ミルク

(32) **4-2**　**〜がある，〜がない**

1) Il y a du poisson dans le frigo ?

— Non, ___il n'y a pas de poisson___.

2) Il y a dc la confiture ?

— Non, _____.

3) Il y a du beurre ?

— Non, _____.

食べ物

du pain	パン
du poisson	魚
de la viande	肉
du fromage	チーズ
de la confiture	ジャム
du beurre	バター
de la soupe	スープ
de la glace	アイスクリーム
du sorbet	シャーベット
du gâteau	ケーキ
du riz	米，ご飯
un œuf	卵

(33) **4-3**　**たずねる《何？　いくつ？》**

1) Qu'est-ce que tu prends comme dessert ?

— ___Je prends du gâteau___. (ケーキ)

2) Qu'est-ce que vous prenez au dîner ?

— _____. (魚)

f と s は発音しない

3) Il y a combien d'œufs dans le frigo ?

— _____. (10 個)

au petit déjeuner	朝食に
au déjeuner	昼食に
au dîner	夕食に
comme dessert	デザートとして
comme boisson	飲物として

22 | LEÇON **04**

Salut, tout facile

ポイント

[1] **部分冠詞**　数えられない名詞の前につき，「いくらかの〜」をあらわす．

m.	f.
du pain	*de la* viande

* 母音で始まる名詞では *de l'* となる．*ex. de l'* eau

cf. 数えられる名詞の前には不定冠詞 un, une, des をつける．

un croissant　　クロワッサン

une tarte　　　タルト

des fruits　　果物　　　　des légumes　　野菜

└─────── ふつう複数で用いる ───────┘

否定文中では，直接目的語についた $\begin{Bmatrix} 部分冠詞 \\ 不定冠詞 \end{Bmatrix}$ は **de** になる．（p. 19 参照）

[2] **動詞** manger／boire／prendre

manger		boire		prendre	
je	**mange**	je	**bois**	je	**prends**
tu	**manges**	tu	**bois**	tu	**prends**
il	**mange**	il	**boit**	il	**prend**
nous	**mangeons**	nous	**buvons**	nous	**prenons**
vous	**mangez**	vous	**buvez**	vous	**prenez**
ils	**mangent**	ils	**boivent**	ils	**prennent**

[3] **il y a …**　〜がある　　**il n'y a pas *de* …**　〜がない（否定）

└──── 音がつながる ────┘

[4] **疑問詞**

qu'est-ce que … ?　　何〜？

combien ?　　　いくつ　いくら　どのくらい？

combien de + 無冠詞名詞 ?　　いくつの〜？　どのくらいの〜？

LEÇON **04** | 23

Exercices et Activités

1 (　　) 内に下から適切な冠詞を選んで記入しましょう.

1) Les Japonais mangent (　　　　) riz et (　　　　) légumes salés*.
2) Les Français mangent (　　　　) croissants.
3) Les Italiens mangent (　　　　) pain et boivent (　　　　) café.
4) Les enfants ne boivent pas (　　　　) bière.
5) Les Chinois ne mangent pas (　　　　) poisson cru**.

[un, une, des, de, du, de la, de l', la]

*des légumes salés　つけもの
**poisson cru　生魚, さしみ

2 答えとして正しいものを選びましょう.

1) Qu'est-ce que tu prends comme viande ?
2) Vous mangez de la salade ?
3) Qu'est-ce que tu manges ?
4) Il mange du riz ?
5) Qu'est-ce qu'il y a dans le frigo ?
6) Tu prends combien de croissants ?

a) Je mange de la salade.
b) Je prends deux croissants.
c) Non, il n'aime pas le riz.
d) Je prends du poulet.*
e) Il y a des fruits.
f) Non, je ne mange pas de salade.

*poulet　鶏肉

3 音声を聞いて, 彼らが, それぞれ何を食べ, 何を飲むか日本語で答えましょう

　　　　　食べるもの　　　　　　　　　飲むもの
1) ポール：(　　　　　　　)　(　　　　　　　　　)
2) 美　樹：(　　　　　　　)　(　　　　　　　　　)
3) ピエール：(　　　　　　　)　(　　　　　　　　　)
4) 太　郎：(　　　　　　　)　(　　　　　　　　　)

Civilisation

メニュー

「メニュー」というと料理の献立表を思い浮かべますが, フランスでは carte といい, menu は定食のことです. menu à 8 euros (8 ユーロの定食) menu à 20 euros (20 ユーロの定食) などと表示されています. 簡単なコース料理になっていて, 前菜, 主菜, デザートとコーヒーなどがつきます. carte から個別に注文することは à la carte といいますが, menu は à la carte よりずっと割安になっています. また, 多くのレストランがその日の「おすすめ料理」plat du jour を提供しています.

メニューの看板

LEÇON 04

LEÇON 05

この課で学ぶこと ★★★★★★★★★★★★★★★★★★★★★★★

表現	人・物を描写する
文法	形容詞：性・数の変化
	所有形容詞：mon, ma, mes …
	指示代名詞：ce
	疑問詞：comment ? どのような？
	qui ? 誰？
	数 ：20 ～ 60
語彙	形状，性質，性格

Salut!

36

Miki : Ta sœur, elle est comment ?

Paul : Elle est grande, sportive et un peu timide.
Voilà une photo de ma famille. Elle est là.
Elle a les cheveux longs.

Miki : Qui est-ce ? C'est ton père ?

Paul : Non, c'est moi* !   *je の人称代名詞強勢形（p. 31 参照）

モダンなポンピドゥーセンターの建物

単語帳

ta, ton　きみの，あなたの
comment　どのような，いかに
grand(e)　大きい
sportif (sportive)　スポーツ好きの
un peu　少し
timide　恥ずかしがりやの
voilà　ほら，ここに～があります
photo　⊛ 写真

ma, mon　わたしの
famille　⊛ 家族
là　そこに
cheveu(x)　⊛ 髪の毛
long　長い
qui　誰
c'est　これは～です，それは～です
père　⊛ 父

LEÇON 05 | 25

表現　下線部をうめてペアーで練習しましょう.

(37) | 5-1 | 人・物を描写する

1) Minoru est grand ?

— Oui, il _____ et sportif.

《主語に合わせて女性・複数》

2) Elles sont grosses ?

— Non, _____,

_____.

（ほっそりしている）

(38) | 5-2 | たずねる《誰？》

1) Qui est-ce ? C'est ton frère ?

— Oui, _____ frère.（私の弟）

2) Qui est-ce ?

— Ce sont _____.（私の両親）

🔖 疑問詞

qui ? 誰？

comment ? どのような（人, 物)?

(39) | 5-3 | たずねる《どのような？》

1) Ta sœur est comment ?

— Elle est jolie et _____.

（きれいで頭がいい）.

2) Son chien est comment ?

— _____ et méchant.

（大きくて意地悪）

🔖

doux (douce)	優しい
intelligent(e)	頭がいい
méchant(e)	意地悪
timide	内気な
sévère	厳しい
sympathique	感じがいい

(40) | 5-4 | 物を描写する

1) Tu as un chien ?

《前につく形容詞》

— Oui, j'ai ___un petit chien___.（1匹の小犬）

《後ろにつく形容詞》

2) Elle a un sac lourd ?

— Non, _____.（軽い）

《前につく形容詞》

3) Ils ont une grande maison ?

— Non, _____.

（マンション）

🔖

★vieux (vieille) — jeune　老若
　clair(e)　　　— sombre　明暗
　long(ue)　　 — court(e)　長短
　léger (légère) — lourd(e)　軽重

🔖 住まい

un appartement　　マンション
un studio　ワンルームマンション
une maison　　　　家（一軒家）

26 | LEÇON **05**

Salut, tout facile

ポイント

41 ① 形容詞

原則 男性形容詞に **-e** をつけると女性形容詞になり，男女ともに単数形に **-s** を
つけると複数形になる．

●性数変化

	m.	f.	m. pl.	f. pl.
★小さい，背がひくい	petit	petite	petits	petites
★大きい，背が高い	grand	grande	grands	grandes
★若い	jeune	jeune	jeunes	jeunes
ほっそりしている	mince	mince	minces	minces
★ふとっている	gros	grosse	gros	grosses
スポーツ好きの	sportif	sportive	sportifs	sportives

形容詞には名詞の前につくもの，後ろにつくものがある．
★は必ず前につく形容詞

② 所有形容詞

	m.	f.	pl.
私の	mon	ma	mes
君の，あなたの	ton	ta	tes
彼の，彼女の	son	sa	ses
私たちの	notre		nos
あなた(たち)の	votre		vos
彼(女)たちの	leur		leurs

*母音で始まる女性名詞の前の ma, ta, sa
は mon, ton, son になる．
ex. m~~a~~ amie → mon amie

③ 指示代名詞 ce これ（ら），それ（ら），あれ（ら）

C'est...　これは〜です．

Ce sont...　これらは〜です．

C'est mon livre.

Ce sont mes livres.

42 ④ 数 (nombres) 20〜60

20	vingt
21	vingt‿et un
22	vingt-deux
23	vingt-trois
	⋮
30	trente
31	trente‿et un
32	trente-deux
	⋮
40	quarante
41	quarante‿et un
42	quarante-deux
	⋮
50	cinquante
51	cinquante‿et un
52	cinquante-deux
	⋮
60	soixante

43 数字を聞き取って書き入れましょう．

1) ＿＿＿＿＿＿＿＿＿　　4) ＿＿＿＿＿＿＿＿＿

2) ＿＿＿＿＿＿＿＿＿　　5) ＿＿＿＿＿＿＿＿＿

3) ＿＿＿＿＿＿＿＿＿　　6) ＿＿＿＿＿＿＿＿＿

LEÇON **05**

Exercices et Activités

1 「私の」，「彼の」などの所有形容詞を下から選んで下線部に入れましょう．

1) C'est le père de Marie ?   — Oui, c'est _____ père.

2) C'est la mère de Jean ?   — Oui, c'est _____ mère.

3) Ce sont tes enfants ?   — Oui, ce sont _____ enfants.

4) C'est la maison de Paul et Marie ?   — Non, ce n'est pas _____ maison.

5) Ce sont les mangas de ton frère ?   — Non, ce ne sont pas _____ mangas.

$$\left[\begin{array}{l} \text{mon,} \quad \text{ma,} \quad \text{mes,} \quad \text{ton,} \quad \text{ta,} \quad \text{tes,} \quad \text{son,} \quad \text{sa,} \quad \text{ses} \\ \text{notre,} \quad \text{nos,} \quad \text{votre,} \quad \text{vos,} \quad \text{leur,} \quad \text{leurs} \end{array} \right]$$

2 対立語を下から選び，適切な形にして下線部に入れましょう．

ex. Il est grand.   Elle est petite.

1) Il est _____.   Elle est grande.

2) Il est gros.   Elle est _____.

3) Le studio est sombre.   La chambre* est _____.

4) Son professeur est sévère.   Sa mère est _____.

[jeune,   petit,   long,   clair,   mince,   doux,   timide   ]

*chambre 囡 部屋

3 下線部に適当な形容詞を2つ以上入れ，人を描写しましょう．

1) Ma mère est   grande et douce _____.

2) Mon père est _____.

3) Mon frère est _____.

4) Ma sœur est _____.

5) Mon ami(e) est _____.

フランスの家族

Civilisation

  フランスでは一部の店を除き，日曜日にはほとんどの店が閉まってしまいます．

  こうした背景にあるのは，日曜日を安息日とするキリスト教の伝統が厳然として生きていることだけでなく，おそらく，仕事よりも家族との生活を優先する考え方の根強さでしょう．たしかに，家庭での夕食をすっぽかして仕事帰りの同僚とのつきあいを優先させがちな日本のお父さんのような行動様式はフランスでは考えられません．とくに日曜日の昼に家族全員で食卓を囲み団欒するひとときはフランス人にとって一週間の生活のなかでの最も重要な時間でもあります．また，食事とは，ゆっくりと時間をかけてとりながら，たっぷりとお喋りをしてコミュニケーションをはかる機会であることも，日本の多くの家庭の食事風景と違うところかもしれません．

  ただ，人口の老齢化，少子化，離婚の増加など，日本とも共通した現象がフランスの伝統的な家族形態をおびやかしているのも確かです．また，結婚の減少や，結婚前に長期にわたり同棲するカップルの増加なども社会現象の一つになっています．

フランスの家族

28 | LEÇON 05

LEÇON 06

この課で学ぶこと ★★★★★★★★★★★★★★★★★★★★★★

表現　移　　動：行く，来る

文法　動　　詞：aller 行く，venir 来る
　　　　縮　約　前置詞 à + 定冠詞：à + le → au
　　　　　　　　　　　　　　　　　　à + les → aux
　　　　疑問文の3つのかたち：
　　　　　① 主語・動詞？
　　　　　② Est-ce que + 主語・動詞？
　　　　　③ 動詞 - 主語？（倒置形）
　　　　人称代名詞強勢形
　　　　数　　　：60 ～ 100

語彙　さまざまな国名，さまざまな行き先

44　Paul　：　Ce* soir, on va au cinéma ?

　　Miki　：　Non, je ne vais pas au cinéma.
　　　　　　　Je vais au concert. Tu viens avec moi ?

　　Paul　：　Oui, je viens.

　　Miki　：　Ta sœur vient, elle aussi ?　　　　　*指示形容詞（p. 43 参照）

フランスの映画館

単語帳

ce soir　今晩
on　私たち，人々
va, vais < aller　行く
cinéma　男 映画
concert　男 コンサート，音楽会
viens, vient < venir　来る
avec　〜と一緒に
ta　きみの，あなたの
aussi　〜もまた

LEÇON 06　29

表現　下線部をうめてペアーで練習しましょう．

6-1　フランスに行く

1) Tu vas au Canada ?
   — Non, __je vais_____ en France.
2) Elle va en Corée ?
   — Non, _____ en Corée,
3) Ils vont aux États-Unis ?
   — Non, _____,
   ils _____. （日本）

さまざまな国名

Viêt-Nam (*m.*)
Brésil (*m.*)
Suisse (*f.*)
Allemagne (*f.*)　　ドイツ
Angleterre (*f.*)　　イギリス
Chine (*f.*)　　中国
Corée (*f.*)　　韓国
États-Unis (*m. pl.*)　アメリカ合衆国

6-2　映画に行く

1) Est-ce qu'on va au cinéma ? ［3人称単数扱い］
   — Oui, on _____.
2) Est-ce qu'elle va à l'école ? ［都市名は無冠詞］
   — Oui, _____.
3) Où vas-tu ?　— _____ à Paris.
4) Où va-t-il ?　— _____ puces.
   ［発音のために -t- を入れる］

さまざまな行き先

au restaurant　　レストランに
au cinéma　　映画館に
au supermarché
　　　　　　スーパーマーケットに
à la piscine　　プールに
au café　　カフェに
au concert　　コンサートに
à l'opéra　　オペラに
aux puces　　蚤の市に

6-3　（誰々と）来る

1) Ton frère, il vient au concert avec toi ?
   — Oui, _____. （私と）
2) Est-ce que vous venez ?
   — Non, nous _____ vous.

数 (nombres) 60〜100

60	soixante	80	quatre-vingts
61	soixante‿et un	81	quatre-vingt-un
62	soixante-deux	82	quatre-vingt-deux
63	soixante-trois	83	quatre-vingt-trois
⋮		⋮	
70	soixante-dix	90	quatre-vingt-dix
71	soixante‿et onze	91	quatre-vingt-onze
72	soixante-douze	92	quatre-vingt-douze
73	soixante-treize	93	quatre-vingt-treize
⋮		⋮	
79	soixante-dix-neuf	99	quatre-vingt-dix-neuf
		100	cent

LEÇON 06

Salut, tout facile

ポイント

49 **1 動詞 aller**

je	**vais**	au	Japon
tu	**vas**		Canada
il	**va**		
elle	**va**	en	France
nous	**allons**		Chine
vous	**allez**		
ils	**vont**	aux	États-Unis
elles	**vont**		

動詞 aller の否定形

je	ne	vais	pas
tu	ne	vas	pas
il	ne	va	pas
nous	n'	allons	pas
vous	n'	allez	pas
ils	ne	vont	pas

動詞 venir **50**

je	**viens**
tu	**viens**
il	**vient**
nous	**venons**
vous	**venez**
ils	**viennent**

☞ 動詞 **aller** + **au** + 男性 ┐
   en + 女性 ├ 国名
   aux + （男・女）複数 ┘

.... 国によって前置詞がちがうから注意

2 定冠詞の縮約 (1)：à + 定冠詞

à + **le** → **au** à + le marché → *au* marché 市場に

à + **la** ┐
à + **l'** ┘（そのまま） à + la cantine → *à la* cantine 学食に
   à + l'école → *à l'*école 学校に

à + **les** → **aux** à + les Champs-Élysées → *aux* Champs-Élysées シャンゼリゼに

3 疑問文のかたち

① 主語・動詞？ （イントネーションをあげる）

Vous allez au Canada ?

.... ふつうの文と同じ順序

② **Est-ce que (qu')** + 主語・動詞？

Est-ce que vous allez au Canada ?

.... ハイフンを入れる

③ 動詞 — 主語？ （倒置形）

Allez-vous au Canada ?

Va-t*-elle au Canada ?

  * 倒置疑問で母音が重なるときは -t- を入れる.

4 人称代名詞の強勢形

主語	強勢形	主語	強勢形
je	**moi**	nous	**nous**
tu	**toi**	vous	**vous**
il	**lui**	ils	**eux**
elle	**elle**	elles	**elles**

強勢形の使い方

Moi, ... 僕はねえ C'est moi. それは僕だ.

Et toi ? で君は？ avec moi 私と一緒に

lui aussi 彼も chez eux 彼らの家に

LEÇON **06** | **31**

Exercices et Activités

1 ( ) 内に下から最も適切な語句を選んで記入しましょう．

1) Je vais ( ) marché.
2) Tu vas ( ) Chine ?
3) Il va ( ) école.
4) Nous allons ( ) France.
5) Vous allez ( ) cantine ?
6) Elles vont ( ) États-Unis.

[à, au, à l', à la, aux, en]

2 日本語に合うように下線部に一語ずつ入れましょう．

1) _____ -ils _____ _____ , _____ aussi ? 彼らもカフェに来ますか？
2) Allez- _____ _____ _____ avec _____ ?
   あなた方は私たちとレストランに行きますか？
3) Est-ce que _____ _____ chez _____ ? 君，僕の家に来る？
4) Nous ____ ' _____ _____ _____ puces. 僕たちは蚤の市に行かない．

3 音声を聞いてフランス語文を書き取り，それを日本語に訳しましょう．

1) _____
2) _____
3) _____
4) _____
5) _____

世界の中のフランス語

Civilisation

フランス語はフランス本国だけでなく世界中で話されている言語です．カナダのケベック州やスイスのロマンド地方は有名ですが，公用語として使われているところまで含めれば，フランス語圏はヨーロッパから北アフリカ，中東，西インド諸島，南米，南太平洋，東太平洋，インド洋と文字通り世界中に点在していますし，英語とならんで国連の公用語の一つです．

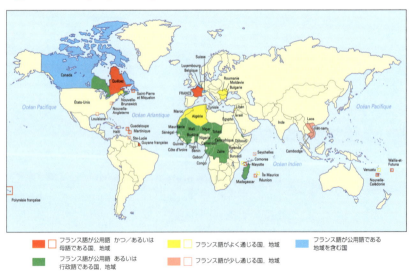

32　LEÇON 06

この課で学ぶこと ★★★★★★★★★★★★★★★★★★★★

LEÇON 07

表現	時　　刻：	Quelle heure est-il ?
		— Il est ... heure(s) + ...
文法	非 人 称：	il est ...（時刻をあらわす）
	動　　詞：	faire　　する，作る
		finir　　終える，終わる
	疑問詞：	quel ... ?　　どのような〜?，どの〜?
		quand ?　　いつ ?
		à quelle heure ?　何時に ?
語彙	家事のいろいろ	

Salut!

52

Miki :　À quelle heure finit ton cours ?

Paul :　À trois heures.　Mais pourquoi ?

Miki :　On va à l'exposition Picasso ?

Paul :　Non, je rentre tout de suite.
　　　　J'ai beaucoup de choses à faire.

Miki :　Qu'est-ce que tu as à faire ?

Paul :　Je dois faire le ménage, je dois faire la lessive, je dois faire des courses, je dois préparer le dîner, et après je dois faire la vaisselle.

Miki :　Ah !　Ta maman a de la chance !

水上バスから見たオルセー美術館

単語帳

quelle heure　何時
finit < finir
　　　　終わる，終える
cours　⒨授業，講義
pourquoi　なぜ
exposition　⒡展覧会
rentre < rentrer　帰る
tout de suite　すぐに
beaucoup de choses
　　　　たくさんのこと
faire　する
avoir... à + 不定法
　　〜すべき〜がある
dois < devoir + 不定法
　　〜せねばならない

faire le ménage
　　掃除をする
faire la lessive
　　洗濯をする
faire des courses
　　買い物をする
préparer　準備する
dîner　⒨夕食
après　後で
faire la vaisselle
　　皿洗いをする
maman　⒡お母さん，
　　　　ママ
avoir de la chance
　　運がいい，ついている

LEÇON 07　33

表現　下線部をうめてペアーで練習しましょう.

53 **7-1** 時刻 《何時？》

Quelle heure est-il ?

> アンシェヌマンや
> リエゾンに注意

Il est	une	heure	cinq	
	deux	heures	dix	
	trois		vingt-cinq	
	quatre			
	cinq		et	quart
	six			demie
	sept			
	huit		moins	vingt
	neuf			dix
	dix			cinq
	onze			
	midi			le quart
	minuit			

> ➤ 時刻をたずねる表現
> Quelle‿heure est‑il ?
> Il‿est quelle‿heure ?
> Vous‿avez l'heure ?
> Tu as l'heure ?

54 **7-2** たずねる 《何時に？　いつ？》

à + 時刻　〜時に

1) Ton travail finit à quelle heure ?
   — Il _____ . (5時に)

2) Les examens finissent à quelle heure ?
   — Ils _____ . (3時に)

疑問詞 quand ?　いつ？

3) Le contrat finit quand ?
   — Il _____ le mois prochain*.

4) Tu finis tes études quand ?
   — _____ mes études l'année prochaine*.

*時の表現 (p. 43 参照)

> ➤ **faire** + 定冠詞 + 名詞
> faire le ménage
> 　（家を）掃除する，片づける
> faire la lessive　　洗濯する
> faire la vaisselle　皿洗いをする

> ➤ **faire** + 不定冠詞 + 名詞
> faire des achats ⎫
> faire des courses ⎭ 買い物をする

55 **7-3** たずねる 《何をする？》

1) Qu'est-ce que tu fais ?
   — _____ la vaisselle.

2) Qu'est-ce que tu fais à la fac* ?
   — _____ du français.　*fac 大学

3) Vous faites du sport ?
   — Oui, _____ de l'aérobic.

> ➤ **faire** + 部分冠詞 + 名詞
> faire du bricolage　日曜大工をする
> faire du tennis　　テニスをする
> faire du sport　　スポーツをする
> faire du piano　　ピアノを弾く

34 ｜ LEÇON **07**

Salut, tout facile

ポイント

1 疑問詞 quel ...? どのような〜？ どの〜？

	m.	f.
s.	quel	quelle
pl.	quels	quelles

Aujourd'hui, c'est quel jour ?　— C'est mardi.*　（*週 p. 43 参照）

Quelle est votre adresse ?　　　— 39, rue Victor Hugo.

2 -ir 型規則動詞

-ir 型規則動詞の活用語尾（現在形）

je — is　　　nous — issons

tu — is　　　vous — issez

il — it　　　ils — issent

56　動詞 finir

je　　finis

tu　　finis

il　　finit

nous　finissons　← s が重なる

vous　finissez

ils　　finissent

● -ir 型規則動詞：finir にならって活用表を完成させましょう.

grandir 大きくなる		choisir …を選ぶ		réussir 成功する	
je	grandis	je	＿＿＿＿＿	je	＿＿＿＿＿
tu	＿＿＿＿＿	tu	＿＿＿＿＿	tu	＿＿＿＿＿
il	＿＿＿＿＿	il	＿＿＿＿＿	il	＿＿＿＿＿
nous	＿＿＿＿＿	nous	choisissons	nous	＿＿＿＿＿
vous	＿＿＿＿＿	vous	＿＿＿＿＿	vous	＿＿＿＿＿
ils	＿＿＿＿＿	ils	＿＿＿＿＿	ils	＿＿＿＿＿

57　3 動詞 faire

je　fais　　nous　faisons

tu　fais　　vous　faites

il　fait　　ils　　font

LEÇON 07 | 35

Exercices et Activités

1 疑問詞 quel を適当な形にして（　　）の中に入れましょう．

1) (　　　　) équipe préfères-tu ?　　— C'est Yokohama Marinos.
2) (　　　　) est le prix ?　　— Cent vingt-cinq euros.
3) De (　　　　) couleur est ta robe ?　　— Elle est bleue.
4) (　　　　) âge avez-vous ?　　— J'ai vingt-deux ans.
5) (　　　　) est votre adresse ?　　— 11, Rue de l'Arcade.

2 音声を聞いて絵を結びつけましょう．

a 　　b Miki　　c

d 　　e Paul　　f

g 　　h Marie　　i

j 　　k Minoru　　l

1)　d → (　　) → (　　)　　3) (　　) → (　　) → (　　)
2) (　　) → (　　) → (　　)　　4) (　　) → (　　) → (　　)

Civilisation

ブリコラージュ

　bricolage とは日曜大工のことです．大手のスーパーやデパートにいくと，この bricolage のコーナーがひじょうに充実しているのに驚きます．人件費が高いせいもありますが，フランス人はでき得る限り自分で，修理をしたり作ったりするのが好きです．庭に敷石を敷いたり，ペンキ塗りや壁にクロスを貼ったりするのはもちろん，車の修理から家作りに至るまで．古い農場を買い取ってその改築，改装に情熱を傾けている人もいます．

手芸屋さん

36 | LEÇON 07

この課で学ぶこと ★★★★★★★★★★★★★★★★★★★★★

表現　近い未来・近い過去をいう
　　　　したいこと・できることをいう
　　　　理由をたずねる・いう
　　　　痛いという

文法　近接未来：aller + 不定法
　　　　近接過去：venir + de + 不定法
　　　　動　詞：vouloir ...　～したい，～が欲しい
　　　　　　　　pouvoir ...　～できる
　　　　疑問詞：pourquoi ?　なぜ ?

語彙　乗り物，旅行，身体の部分

LEÇON 08

59

Paul : Tes parents vont venir en France cet été ?

Miki : Oui, ils vont venir. Ils veulent visiter le Louvre.

Paul : Tu vas chercher un hôtel pour eux ?

Miki : Je viens de réserver une chambre. Pourquoi ?

Paul : Parce que je connais un hôtel agréable, pas trop cher.

Miki : C'est gentil. Est-ce qu'on peut acheter un Eurail-Pass à Paris ?

Paul : Non, on ne peut pas.

シャルル・ド・ゴール空港

単語帳

parents　男複　両親
cet été　この夏
veulent < vouloir　望む
visiter　訪れる，訪問する
chercher　探す
hôtel　男　ホテル
pour　～の為に
eux　彼ら
réserver　予約する
chambre　女　部屋

parce que　なぜならば
connais < connaître　知っている
agréable　気持ちのよい
trop　～過ぎる
cher　高い
c'est gentil　ご親切に

LEÇON 08 | 37

表現　下線部をうめてペアで練習しましょう．

8-1　これからすること・したいことをいう

1) Tu vas voyager ?
   — Oui, je _____ voyager en France.
     Je veux visiter le Louvre.

2) Qu'est-ce que tu vas faire ce soir ?
   — Je _____.
   （映画に行くつもりだ）

8-2　終えたばかりのこと・できることをいう

1) Tu fais ta valise ?
   — Je _____ finir.（終えたばかり）
   — Alors, tu peux sortir avec moi.

2) Vous avez de la monnaie ?
   — Oui, je _____ faire de la monnaie.
   （小銭にかえたばかり）

8-3　理由をたずねる，～が痛いという

1) Tu ne manges pas, pourquoi ?
   — **Parce que** j'ai mal à l'estomac.

2) Pourquoi ne vient-il pas ?
   — _____ qu'il _____.
   （頭が痛いから）

---

prendre 乗る
l'avion (*m.*)　飛行機
l'autobus (*m.*)　バス
le train　列車
le métro　地下鉄
un taxi　タクシー

voyager 旅行する
en voiture　車で
en train　列車で
en avion　飛行機で
en bateau　船で
en vélo　自転車で
à pied　歩いて

旅　行
réserver (annuler) une chambre
　部屋を予約（キャンセル）する
prendre (quitter) la chambre
　チェックイン（アウト）する
faire une valise　荷物をつくる
faire de la monnaie　小銭にかえる

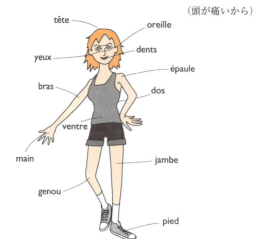

身体の部分
le bras　腕
le dos　背中
le ventre　腹
le genou　膝
le pied　足
l'oreille (*f.*)　耳
l'épaule (*f.*)　肩
la tête　頭
la main　手
la jambe　脚
les dents (*f.* pl.)　歯
l'œil (*m.*) les yeux　目

Salut, tout facile

ポイント

1 近接未来，近接過去

近接未来　aller + 動詞の不定法　　～するところだ (aller p. 31 参照)
　　　　　　　　　　　　　　　　　　～するつもりだ

　Tu vas sortir avec Marie ?　— Oui, je vais sortir avec elle.

近接過去　venir + de + 動詞の不定法　～したばかりだ (venir p. 31 参照)

　Tu vas dîner ?　— Non, je viens de dîner.

2 動詞　vouloir, pouvoir

vouloir + 不定法　～したい　／　vouloir + 名詞　～が欲しい

　　　　　　　　　　　部分冠詞
　Tu veux du café ?　　　　　　　— Oui, je veux bien. (Non, merci.)
　Voulez-vous fermer la fenêtre ?　— Oui, d'accord.
　　　　　　　　　人に頼むときの表現 voulez-vous + 不定法？

☆ je voudrais …　～が欲しいのですが　～したいのですが
　　Je voudrais un kilo de tomates.
　　Je voudrais aller à Versailles.

pouvoir + 不定法　～できる

　　Tu peux téléphoner à Pierre ?　　　　　— Oui, je peux. (可能／依頼)
　　Pouvez-vous venir chez moi demain ?　— Non, je ne peux pas. (可能／依頼)
　　Est-ce que je peux fumer ici ?　　　　　— Non, tu ne peux pas. (許可)

● 表現

> **pourquoi ?**　なぜ？　**parce que …**　なぜならば
>
> 　Pourquoi apprends-tu l'italien ?　— Parce que j'aime les films italiens.
>
> **avoir mal à …**　～が痛い
>
> 　Où as-tu mal ?　— J'ai mal au* ventre.　(*縮約 p. 31 参照)

LEÇON 08

Exercices et Activités

1 （　　）の中に最も適切な語を下から選んで書き入れましょう．

Où as-tu mal ?　—J'ai mal (　à l'　) épaule.
　　　　　　　　—J'ai mal (　　　　) dents.
　　　　　　　　—J'ai mal (　　　　) tête.
　　　　　　　　—J'ai mal (　　　　) dos.

[　à l',　à la,　au,　aux　]

2 aller と venir の用法に注意して，訳しましょう．

1) Hélène vient voir mon frère.

2) Le train vient de partir. Nous allons prendre le prochain train.

3) Qu'est-ce que tu vas faire demain* ?　— Je vais visiter le musée.　(*時の表現 p. 43参照)

4) L'avion vient de Milan.

5) Comment allez-vous ?　— Je vais bien, merci.

3 音声を聞いてフランス語文を書き取り，それを日本語に訳しましょう．

1)
2)
3)
4)

 パリ

これはパリ市の紋章です．**Fluctuat nec mergitur** というラテン語が記されています．「たゆたえど沈まず」という意味で，パリがセーヌ河という自然の水路に恵まれ発展していった事がうかがえます．パリは紀元前3世紀ごろパリシー (**Parisii**) という部族が現在のシテ島 (**Cité**) に住み着いたのが始まりです．パリという名はその部族の名に由来しています．その後ローマ軍の進出により，道路，劇場，浴場などの公共施設が建設されましたが，次にパリが大きく変わるのは19世紀の中頃ナポレオン3世の時です．当時のパリ市長オスマンは，道路の整備，下水の施設，住宅の高層化等を実行し，パリをスッキリとして，しかも都市としての機能を充分に備えた近代的な都市へと生まれ変わらせました．

パリ市庁舎

LEÇON 08

この課で学ぶこと ★★★★★★★★★★★★★★★★★★★★★★★

表現	日常の行動をいう
	午前・午後・週などをいう
	天候をいう
文法	動　　詞：代名動詞　se lever　起きる
	非 人 称：il fait …（天候をあらわす）
	指示形容詞：ce (cet), cette, ces
語彙	時 の 表 現：週，月，季節

LEÇON 09

66

Miki : Il fait beau aujourd'hui.

Paul : On va se promener cet après-midi ?

Miki : Oui, c'est une bonne idée. On va où ?

Paul : Sur les quais de la Seine ?

Miki : D'accord. Dis, quand est-ce que tu vas passer tes examens ?

Paul : Mercredi prochain.

フランスの新聞天気欄

単語帳

aujourd'hui　今日
se promener　散歩する
cet après-midi　今日の午後
bonne < bon　よい
idée　⑲ 考え
sur　〜の上に
quai　⑲ 河岸，ホーム
d'accord　賛成，いい（わ）よ
dis　ねえ
passer　（試験を）受ける，通る
examen　⑲ 試験
mercredi　⑲ 水曜日
prochain　次の

LEÇON 09 | 41

表現　下線部をうめてペアーで練習しましょう.

67　**9-1**　日常の行動をいう

1) Je me lève à sept heures. Et toi ?
 — Je _____. （8時に起きる）
 　発音のためアクサンがつく

2) Tu te lèves à six heures tous les jours* ?
 — Oui, je _____
 tous les matins**.
 　*tous les jours 毎日　**tous les matins 毎朝

3) Vous _____ （寝る） à dix heures ?
 — Non, nous _____ si tôt*.
 _____ à minuit**.
 　*tôt 早く　**minuit 真夜中

68　**9-2**　午前・午後・週などをいう

1) Demain matin, tu te lèves tôt ?
 — Oui, alors, je vais me coucher tôt _____.
 （今晩）

2) Tu reviens quand ?
 — Je reviens _____ prochain.
 （土曜日）

69　**9-3**　天気をいう

1) Il fait beau aujourd'hui ! Et demain ?
 — Il va faire _____ demain.
 　近接未来　（天気が悪い）

2) Au Japon, _____ chaud et humide en été.
 Et en France, _____ fait-il ?
 （どんな天気ですか）
 — _____ （暑い）,
 mais le temps est sec.

いろいろな代名動詞

se coucher	寝る
se promener	散歩する
se dépêcher	急ぐ
s'habiller	服を着る
se réveiller	目を覚ます
se brosser les dents	歯を磨く

〜（の季節）に

au printemps	春に
en été	夏に
en automne	秋に
en hiver	冬に

42　LEÇON **09**

Salut, tout facile

ポイント

70 **1 代名動詞** 主語と同じものをさす代名詞を含む動詞を代名動詞という.

主語に応じて変化する

代名動詞 se lever

je	**me**	**lève**
tu	**te**	**lèves**
il	**se**	**lève**
nous	**nous**	**levons**
vous	**vous**	**levez**
ils	**se**	**lèvent**

se lever の否定形

je	ne	me	lève	pas
tu	ne	te	lèves	pas
il	ne	se	lève	pas
nous	ne	nous	levons	pas
vous	ne	vous	levez	pas
ils	ne	se	lèvent	pas

se lever の疑問形（倒置）

te	**lèves-tu ?**
se	**lève-t-il ?**
nous	**levons-nous ?**
vous	**levez-vous ?**
se	**lèvent-ils ?**

主語が後ろにいく

2 指示形容詞　この…　その…　あの…

	m.	f.
s.	ce (cet)	cette
pl.	ces	

ce matin　　　　　今朝
cet‿après-midi　今日の午後
cette nuit　　　　今夜

* cet は母音で始まる男性名詞の前で用いる.

71 **3 il fait ...** 天候の表現（il は非人称の主語）

Quel temps **fait-il** ?

Il fait beau / mauvais.	天気がよい／悪い
Il fait froid / chaud.	寒い ／ 暑い
Il fait frais / doux / humide.	涼しい ／ 暖かい ／ じめじめしている
Il y a des nuages / du vent.	曇りである ／ 風がある
des orages / du soleil.	にわか雨がある ／ 日が照る
un typhon.	台風がくる
Il pleut / neige / gèle.	雨が降る ／ 雪が降る ／ 霜が降りる

72 ●時の表現

aujourd'hui	今日	matin (*m.*)	朝	semaine (*f.*)	週	週の名前は男性名詞
demain	明日	après-midi (*m.*)	午後	lundi, mardi, mercredi, jeudi		
hier	昨日	soir (*m.*)	夕	vendredi, samedi, dimanche		
		nuit (*f.*)	夜	mois (*m.*)	月	月の名前は男性名詞
				janvier, février, mars, avril, mai,		
				juin, juillet, août, septembre,		
				octobre, novembre, décembre		
prochain(e)	次の					
week-end (*m.*)	週末			saison (*f.*)	季節	季節の名前は男性名詞
				printemps, été, automne, hiver		

LEÇON **09** 43

Exercices et Activités

1 次の ( ) の中に ce, cet, cette, ces の中から適当な語を選んで入れましょう.

1) Il va en France ( ) hiver.

2) Je voudrais acheter ( ) sac.

3) ( ) cravate va bien avec sa veste.

4) Elle est très occupée ( ) semaine.

5) ( ) voitures roulent bien.

2 下から適切な動詞を選んで適当な形にして入れましょう.

Je m'appelle Françoise. Je suis étudiante à l'Université Paris III. Je ⁽¹⁾( ) à sept heures et demie tous les matins. Je ⁽²⁾( ) et je descends dans la salle à manger. Je ⁽³⁾( ) mon petit déjeuner moi-même : je ⁽⁴⁾( ) du café au lait et je mange du pain. Après le petit déjeuner, je ⁽⁵⁾( ) les dents.

Ah ! Il ⁽⁶⁾( ) déjà neuf heures moins le quart. Je me dépêche. Le premier cours ⁽⁷⁾( ) à neuf heures et demie.

[boire, commencer, être, finir, préparer, se brosser, s'habiller, se lever]

73 **3** 音声を聞いてフランス語文に合う絵を選びましょう.

1) 2) 3) 4) 5) 6)

a b c

d e f

フランスの気候と暮らし

Civilisation

フランスは北緯 42.5 度〜51 度 に位置しています. 日本に当てはめると北海道から北サハリンに相当し, パリは中部サハリンとほぼ同じ位の緯度にありますが, その平均気温 (9℃〜15℃) は日本の東北地方から中部地方に当たり, 緯度の割には温暖な気候です.

人々の一年の暮らしは, 3月末から9月末までの夏時間とその残りの期間の冬時間に分かれます. 夏は夜の9時頃まで明るいのに対し冬は日照時間が少ないため朝は8時頃まで暗く, 午後4時頃には暗くなってしまいます.

フランスでの新学期は小学校・中学校は9月, 大学は10月です.

クリスマスは日本の新年に匹敵する1年で最も大きな行事です.

夏のパリ

44 LEÇON 09

この課で学ぶこと ★★★★★★★★★★★★★★★★★★★

表現	場所・道順をいう
文法	縮約　前置詞 de + 定冠詞：de + le → du 　　　　　　　　　　　　　　　de + les → des 場所をあらわす前置詞：devant …　derrière … 命令形：Va !　Allons !　Allez ! 非人称：il faut …　〜しなければならない 動詞：devoir …　〜しなければならない
語彙	さまざまな場所

LEÇON 10

Salut!

74

Miki :　Je voudrais aller au musée Rodin.

Paul :　D'abord, il faut changer à Montparnasse.
　　　　Tu descends à la troisième station, Varenne.

Miki :　Ensuite ?

Paul :　Prends le Boulevard des Invalides.
　　　　Et puis prends la première rue à gauche.
　　　　Le musée est sur ta gauche.

パリの案内板

単語帳

je voudrais + 不定法　〜したいのですが
musée　男　美術館
d'abord　まず
il faut + 不定法　〜しなければならない
changer　乗り換える，変わる
descends < descendre　降りる
troisième　3番目の
station　女　(地下鉄の)駅
ensuite　それから
prends < prendre　乗る，取る
et puis　それから
premier [première]　第一番目の
rue　女　通り
à gauche　左に

LEÇON 10　45

表 現	下線部をうめてペアーで練習しましょう.

75 | **10-1** 場所をいう

1) Où est la banque ?

— Elle est __derrière__ le supermarché. （〜の後ろに）

2) Où est le café ?

— Il est _____ la librairie. （〜の前に）

3) Où est le restaurant ？ Il est loin ?

— Non, il est _____ cinéma. （〜の近く）

⌐············· 縮約

🔵NOTE 場所をあらわす前置詞（句）

devant	〜の前に
derrière	〜の後ろに
près de	〜の近くに
loin de	〜から遠くに
à côté de	〜のとなりに

---

76 | **10-2** 道順を教える（〜しなさい）

1) Où est la gare, s'il vous plaît ?

— __Allez tout droit__ . （まっすぐお行きなさい）

Elle est sur votre gauche.

2) Où est le musée, s'il vous plaît ?

— _____ la première rue à droite. （曲がる）

3) Où est la bibliothèque, s'il vous plaît ?

— _____ le parc. （横切る）

➤NOTE さまざまな場所（1）

le café	カフェ
le cinéma	映画館
le restaurant	レストラン
le supermarché	スーパーマーケット
la banque	銀行
la librairie	本屋

---

77 | **10-3** 道順を教える（〜に行くには）

1) Pour aller à l'université ?

— Pour aller à l'université, __il faut descendre à la deuxième station__ .

（2つ目の駅で降りなければならない）

2) Je voudrais* aller à l'aéroport. （*p. 39 参照）

— _____, _____.

（上野で乗り換えなければならない）

3) Je voudrais aller à l'hôpital.

— _____, _____.

（3本目の道を右に曲がらなければならない）

➤NOTE さまざまな場所（2）

la place	広場
l'église (f.)	教会
la poste	郵便局
le musée	美術館
le parc	公園
l'hôpital (m.)	病院
la bibliothèque	図書館
la mairie	市役所
la gare	駅
la station	（地下鉄の）駅
l'aéroport (m.)	空港

Salut, tout facile

ポイント

1 定冠詞の縮約 (2)　de + 定冠詞

de + le → du　　　　de + le café　　→ du café
de + les → des　　　de + les États-Unis → des États-Unis
de + la ⎫
de + l' ⎭ そのまま

2 命令の表現 (1) 命令形　tu, nous, vous の活用形から主語をとる.
(但し -er 動詞と aller では tu の活用形から語末の -s をとる.)

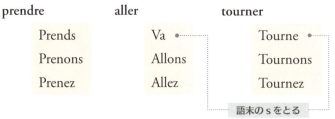

● 行き方や場所を説明する表現

aller jusqu' à …	～まで行く
continuer tout droit	ずっとまっすぐ行く
tourner à droite / à gauche	右に／左に曲がる
prendre la première rue à droite	最初の道を右に曲がる
traverser la rue	道を渡る（横切る）
sur votre droite (gauche)	あなたの右(左)手に

3 命令の表現 (2)
① 非人称：il faut + 不定法　～しなければならない
　　Il faut travailler.
② … devoir + 不定法　～は～しなければならない
　　Tu dois travailler.

動詞 devoir

je dois	nous devons
tu dois	vous devez
il doit	ils doivent

4 序数

un (une)	**premier(ère)**	six	**sixième**
deux	**deuxième**	sept	**septième**
trois	**troisième**	huit	**huitième**
quatre	**quat*r*ième**	neuf	**neu*v*ième**
cinq	**cinq*u*ième**	dix	**dixième**

原則として**数字 + -ième**
で作る.
但し第 1 番目は premier
(première). 第 2 番目は
deuxième と second(e)
がある.

LEÇON 10　47

Exercices et Activités

1 右の地図を見て下線部を埋めましょう.

1) Où est le supermarché ?
   — _____.

2) Où est la librairie ?
   — _____.

3) Où est l'église ?
   — _____.

2 指示に従って文を書き換えましょう.

1) Il faut descendre.（devoir）
   → Vous _____.

2) Nous devons prendre un taxi.（命令形）
   → _____.

3) Il faut aller à l'école.（tu への命令形）
   → _____.

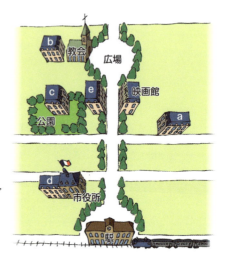

3 駅からの道順を聞いて，図書館，病院，銀行，郵便局，美術館がそれぞれどこにあるか記号で答えましょう.

図書館（　　）　　銀　行（　　）

病　院（　　）　　郵便局（　　）

美術館（　　）

Civilisation

パリの住居表示システム

　パリは右回りの渦巻き状に順に番号をふって，20 の区 (arrondissement) に分けられています．面積は東京の山の手線の内側より少し広い程度の 105,4 km² で，東西にやや長い楕円形です．20 区内の人口は約 220 万人程です．

　通りはその幅や機能や歴史的意味付けによっていくつかの種類に分けられます．rue は一般の「通り」，boulevard はパリの旧城壁跡に作られた並木のある「環状通り」，avenue は城や記念建造物に向かう「大通り」です．凱旋門から放射状に出ている大通りはすべて avenue でシャンゼリゼもこの中の一本です．

　また番地の付け方もシステマティックです．セーヌ川に平行している通りには，川の上流から下流に向かって，左側に 1 番地，3 番地と奇数の番地が，右側の通りには 2, 4, 6 番地と偶数の番地がつけられています．平行していない通りの場合はセーヌ川に近い方から遠い方に向かって数が多くなり，こちらも左が奇数，右が偶数と決まっています．

パリの街

LEÇON 10

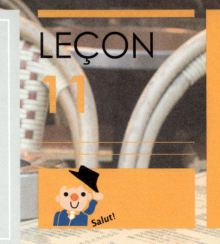

LEÇON 11

この課で学ぶこと ★★★★★★★★★★★★★★★★★★★★★★★

表現　過去のことを語る (1)
　　　　さまざまな否定表現 (1)

文法　複合過去 (1)　　　：助動詞 avoir + 過去分詞
　　　　さまざまな否定表現 (1)：
　　　　　　ne (n') … jamais　　　決して〜ない
　　　　　　ne (n') … plus　　　　もう〜ない
　　　　　　ne (n') … pas encore　まだ〜ない
　　　　中性代名詞　en

語彙　趣味，通信

Salut!

81

Miki : J'ai appris une bonne nouvelle.

Paul : Ah, bon. Qu'est-ce que c'est ?

Miki : Ce matin, j'ai reçu un coup de fil de ma mère. Mon frère a gagné le championnat de foot.

Paul : Bravo !　Ils ont facilement gagné ?

Miki : Je ne sais pas. Je n'en ai pas encore parlé avec mon frère.

パリのカフェにて

単語帳
appris < apprendre　知る，学ぶ [過去分詞]
nouvelle　⼥　知らせ，ニュース
ce matin　今朝
reçu < recevoir　受ける [過去分詞]
un coup de fil　男　電話
gagné < gagner　勝つ [過去分詞]
championnat　男　選手権
bravo　万歳
facilement　たやすく，簡単に
je ne sais pas.　判りません，知りません
ne … pas encore　まだ〜ではない
parlé < parler　話す [過去分詞]

LEÇON 11 | 49

表現　　下線部をうめてペアーで練習しましょう.

82 **11-1** **過去のことを語る (1)**

faire の過去分詞

1) Qu'est-ce que tu as fait hier ?

— J' _____ai joué_____ au tennis.（テニスをした）

縮約

2) Vous avez regardé la télé hier soir ?

— Oui, j'_____ la télé.

3) Tu as fini tes devoirs ?

— Oui, j'_____ déjà*_____

*déjà すでに

83 **11-2** **過去の否定形 (1)**

1) Est-ce que tu as acheté des timbres* ?　　*timbre (*m.*)

— Non, _____je n' ai pas acheté_____ de timbres.

否定文中の de

2) Ont-ils écrit des lettres ?

— Non, ils _____.

3) A-t-elle faxé ce rapport* à Paul ?　　*rapport 報告書

— Non, _____ ce rapport à Paul.

84 **11-3** **さまざまな否定表現 (1)**

1) Ils ont déjà déjeuné ?

— Non, _____ils n'ont pas encore déjeuné_____.

（まだ〜でない）

2) Elle voyage souvent ?

— Non, _____.

（決して〜ない）

3) Vous avez encore besoin de* ce livre ?

— Non, je n'en** _____.

（もう〜ない）

*avoir besoin de …　〜が必要だ
**en 中性代名詞の位置に注意

NOTE 趣 味

jouer à + スポーツ
　… au* tennis　　テニスをする
　… au foot　　サッカーをする
　　　　　　　　（*p. 31 参照）

jouer de + 楽器
　… du* piano　　ピアノを弾く
　… de la guitare　ギターを弾く
　　　　　　　　（*p. 47 参照）

NOTE 通 信

acheter des timbres
　切手を買う
écrire une lettre　手紙を書く
faxer (télécopier)
　ファックスを送る

50 | LEÇON 11

Salut, tout facile

🔊 ポイント

85 **1 複合過去のかたち (1)**

avoir の現在 + 過去分詞

動詞 **jouer** の複合過去

j'	ai	joué	nous	avons	joué
tu	as	joué	vous	avez	joué
il	a	joué	ils	ont	joué

jouer の複合過去否定形

je	n'ai	pas	joué	nous	n'avons	pas	joué
tu	n'as	pas	joué	vous	n'avez	pas	joué
il	n'a	pas	joué	ils	n'ont	pas	joué

2 複合過去の否定形／疑問形

ne (n') + 助動詞 + pas + 過去分詞

> 助動詞をはさむ

Je **n'ai pas** acheté de timbre.

Il **n'a pas** pris le petit déjeuner ce matin.

複合過去の疑問 (倒置) 形

> ハイフンを忘れずに

助動詞 - 主語 + 過去分詞

As-tu téléphoné à Jean ?

3 さまざまな否定表現 (1) 副詞をつけ加えたり，**pas** の代わりに使ったりしていろいろ
な否定のニュアンスを表現できる．

ne … pas encore	まだ～ない	Je **n'achète pas encore** ce livre.
ne … jamais	決して～ない	Il **ne** prend **jamais** d'alcool.
ne … plus	もう～ない	Il **n'y a plus** de lait.

> 否定文中の de

86 **4 中性代名詞 en** ① 不定冠詞・部分冠詞 + 名詞の全体
② 数詞 + 名詞の名詞の部分
③ 数量副詞 + **de** + 名詞の **de** + 名詞の部分
を受け，動詞の前に置く．

1) Vous avez **des stylos ?** — Oui, **j'en ai.** (= **des stylos**)

2) Tu as **des frères ?** — Oui, **j'en ai deux.** (= deux **frères**)

> 数詞が残る

3) Il y a **beaucoup de livres français ?**

> 数量副詞が残る

— Oui, il y **en a beaucoup.** (= beaucoup **de livres français**)

●過去分詞の作り方

1) -er 動詞 → **-é**   jouer → joué
2) その他 (下の表で確認しましょう)

不定法	過去分詞
donner	**donné**
finir	**fini**
être	**été**
avoir	**eu**
dire	**dit**
écrire	**écrit**
faire	**fait**
mettre	**mis**
prendre	**pris**
lire	**lu**
pouvoir	**pu**
voir	**vu**
vouloir	**voulu**

LEÇON **11** | 51

Exercices et Activités

1 さまざまな否定表現を使って，（　）をうめましょう．

1) Tu as encore sommeil ?　— Non, je n'ai (　　　) sommeil.

2) Tu as déjà faim ?　— Non, je n'ai (　　　) (　　　) faim.

3) Vous aimez le sushi ?

　— Non, je ne mange (　　　) de poisson cru.

4) Il boit beaucoup d'alcool, mais son père n'en boit (　　　).

2 音声を聞いて，現在の文か，過去の文かを判断しましょう．

1)　　　現在　　　過去
2)　　　現在　　　過去
3)　　　現在　　　過去
4)　　　現在　　　過去
5)　　　現在　　　過去

3 下線部を en に置き換えましょう．

1) Elle mange du pain.　　　_____.

2) Tu as des crayons de couleur.　_____.

3) Il a beaucoup de disques.　　_____.

4) J'ai deux enfants.　　　　　_____.

Civilisation

ワイン

フランスのワインの主な産地はボルドー（**Bordeaux**）とブルゴーニュ（**Bourgogne**）ですが，最近は地方のワインへの評価も高まっています．

ボルドー地方のワインの生産者はシャトー（**Château**）と呼ばれます．ボトルのラベルに **Château Margaux, Château Latour** 等とあったら，こうした **château** の限定された畑でとれたブドウから作られた高級ワインを意味します．ブルゴーニュでは **climat** とか **domaine** などが特定のブドウ園を意味しますが，これらがラベルに用いられることはありません．

ラベルに **AOC (Appellation d'origine contrôlée)** とあれば，原産地管理証明という意味で，産地の保証，製造過程，製造法，生産高などを定めたワインにのみ許されている高級品を意味します．

各地のカーブ（**cave** ワインの貯蔵倉）を訪れて試飲（**dégustation**）をしてみましょう．フランス人たちはその味と香りを実にさまざまな言葉で表現します．例えば次の様に．

「はじめに酸味と次に若干の甘味を感じますが，太陽に向かって咲いているヒマワリのような，焼けたパンが醸す香ばしい中間的な香りがします．そのうち松林の落ち葉と，その中に生える朝露に濡れたシダの香りが広がります．」

いかがですか．皆さんもどうぞ．

ボルドーのブドウの収穫の様子

LEÇON 11

LEÇON 12

この課で学ぶこと ★★★★★★★★★★★★★★★★★★★★★★★★

表現　過去のことを語る (2)
　　　　さまざまな否定表現 (2)

文法　複合過去 (2)　　　：助動詞 être + 過去分詞
　　　　さまざまな否定表現 (2)：
　　　　　ne (n') … rien　　　何も〜ない
　　　　　ne (n') … personne　誰も〜ない
　　　　中性代名詞　y

---

⑧⑧
Paul : Tu es allée au Musée Rodin ?
Miki : Oui, mais je me suis perdue dans la gare Montparnasse. Elle est immense, la correspondance n'est pas facile.
Paul : Alors, qu'est-ce que tu as fait ?
Miki : J'ai demandé à un employé. Mais il a parlé trop vite. Je n'ai rien compris.
Paul : Mais tu es arrivée au musée quand même ?
Miki : Oui, je suis sortie de la gare et j'ai pris un taxi.

パリのタクシー

単語帳

allé(e) < aller
　行く [過去分詞]
perdu(e) < perdre
　失う [過去分詞]
se perdre　迷う
dans　〜の中で
immense　巨大な
correspondance
　⑧ 乗り換え
facile　やさしい、簡単な
demandé < demander
　尋ねる [過去分詞]

employé
　⑨ 駅員 (雇われている人)
vite　速く
compris < comprendre
　理解する [過去分詞]
arrivé(e) < arriver
　到着する [過去分詞]
quand même　それでも
sorti(e) < sortir
　外に出る [過去分詞]
pris < prendre
　乗る、取る [過去分詞]

LEÇON **12** | 53

📖 **表現**　下線部をうめてペアーで練習しましょう.

⑧⑨ **12-1**　**過去のことを語る（2）**

複合過去で**助動詞に être を取る動詞**：次の文を訳しましょう.

☞主語を elle にして
書き換えましょう

naître	:	Il **est né** à Hokkaido.
entrer	:	À 7 ans, il **est entré** à l'école primaire.
		……
aller	:	À 18 ans, il **est allé** à Tokyo.
sortir	:	À 22 ans, il **est sorti** de l'université.
		Il **est entré** dans une entreprise.
se marier	:	À 28 ans, il **s'est marié**
partir	:	À 35 ans, il **est parti** pour la France,
arriver	:	il **est arrivé** à Paris.
rentrer	:	À 45 ans, il **est rentré** au Japon.
devenir	:	À 55 ans, il **est devenu** directeur.
rester	:	Jusqu'à 60 ans, il **est resté** à ce poste.
mourir	:	À 88 ans, il **est mort**.

⑨⓪ **12-2**　**過去の否定形（2）**

複合過去の否定　| ne (n') + être の現在 + pas + 過去分詞 |

1) Elle est revenue* ?　　*revenir　戻る

— Non, elle _____n'est pas_____ revenue.

2) Ils sont partis ?　— Non, ils _____.

3) Elles sont rentrées ?　— Non, _____.

⑨① **12-3**　**さまざまな否定表現（2）**

1) Tu veux quelque chose ?　　　— Non, je ____ne____ veux ____rien____ .

2) Qu'est-ce qu'il a fait ?　　　— Il _____ a _____ fait.

3) Il y a quelqu'un ?　　　— Non, il _____ y a _____.

4) Il déteste* tout le monde** ? — Oui, il _____ aime _____.

　*détester　　　　嫌う
　**tout le monde　みんな

54 | LEÇON **12**

Salut, tout facile

🗨 ポイント

92 ☐1 **複合過去のかたち（2）** être の現在 + 過去分詞

動詞 **aller** の複合過去

je	suis	allé(e)
tu	es	allé(e)
il	est	allé
elle	est	allée
nous	sommes	allé(e)s
vous	êtes	allé(e)(s)
ils	sont	allés
elles	sont	allées

● 下線部をうめ活用表を完成させましょう.

venir	来る
je	suis venu(e) _____
tu	_____
il	_____
elle	_____
nous	_____
vous	_____
ils	_____
elles	_____

* 過去分詞は主語の性・数に一致させる.
* 助動詞に être を取るのは移動などをあらわす動詞が多い.

92 ☐2 **動詞 aller の複合過去否定形**

je	ne suis	pas allé(e)	nous	ne sommes	pas allé(e)s
tu	n' es	pas allé(e)	vous	n' êtes	pas allé(e)(s)
il	n' est	pas allé	ils	ne sont	pas allés
elle	n' est	pas allée	elles	ne sont	pas allées

Vous êtes allés au Japon ?
— Non, nous **ne sommes pas** allés au Japon.
　　　　　　　　　　　　　助動詞をはさむ

☐3 **さまざまな否定表現（2）**

ne ... rien	何も〜でない	Je **ne** vois **rien**.
		Rien n'a changé.
ne ... personne	誰も〜でない	Je **ne** connais **personne**.
		Personne n'est venu.

☐4 **中性代名詞** **y** à + 名詞, à + 代名詞, à + 不定法 などを受け, 動詞の前に置く.

Tu penses à tes vacances ? — Oui, j'y pense. 　à mes vacances の代わり
Vous vous intéressez à* ça ? — Oui, je m'y intéresse beaucoup. 　à ça の代わり
　　　　　　　*s'intéresser à ...　〜に興味をもつ

☐5 **場所の副詞** **y**（そこへ, そこに）／ **en**（そこから）

Vous allez en France ? — Oui, j'y vais. 　en France の代わり
Vous venez du Japon ? — Oui, j'en* viens. （*p. 51 参照）
　　　　　　　du Japon の代わり

LEÇON **12** 55

Exercices et Activités

1 次の文を複合過去にしましょう．

1) Je fais des gâteaux. _____.
2) Elle va au concert. _____.
3) Elle prend le métro. _____.
4) Ils réservent deux chambres. _____.
5) Les enfants rentrent de l'école. _____.

2 かっこの中に複合過去の助動詞 avoir か être を選び活用させて入れましょう．

Hier matin, Paul [1](　　　　　) téléphoné à Miki. Il a dit :
« On va au restaurant ? » Elle [2](　　　　　) demandé :
« Quel restaurant tu proposes ? »
« Un restaurant chinois, bon et pas cher, à Odéon. »
« D'accord, rendez-vous à midi à la sortie du métro. »
Elle [3](　　　　　) sortie de chez elle.
Elle [4](　　　　　) pris la ligne 4 et elle [5](　　　　　) descendue à Odéon.
À la sortie de la station elle [6](　　　　　) trouvé Paul devant la statue. Et puis, bien sûr, ils [7](　　　　　) bien mangé.

3 音声を聞いて，現在の文か，過去の文かを判断しましょう．

1)　　　現在　　　過去
2)　　　現在　　　過去
3)　　　現在　　　過去
4)　　　現在　　　過去
5)　　　現在　　　過去

Civilisation

地下鉄（メトロ）

世界的にも有名なパリのメトロは現在 14 路線あります．しかし建設されたのはロンドンやベルリン，そしてニューヨークについで 4 番目，1900 年のことでした．建設に当たったフュルジャンス・ビヤンブニュ技師の名はその功績を讃え，モンパルナスの地下鉄の駅名 (Montparnasse-Bienvenüe) に残されています．

地下鉄の駅は **station** といい，鉄道の駅 **gare** と区別されています．入口の植物を思わせる曲線のデザインは 1900 年代のアール・ヌーボーの巨匠ギマールによるものです．

メトロはパリ市交通公団 **RATP** (Régie Autonome des Transports Parisiens) が運営しています．切符 (**ticket**) はバス，パリ市内の **RER** (高速郊外電車)，路面電車 (**tramway**) と共通です．これらを利用するには，

① **un ticket**（1 枚切符）を買う
② **un carnet**（10 枚綴りの回数券）を買う
③ **NAVIGO**（写真付きカードと IC カードの 2 枚組）を買う

NAVIGO には年間，月間，週間パスがあり，パリのメトロ，バス，RER，近郊の SNCF まで利用可能です．

地下鉄の入口

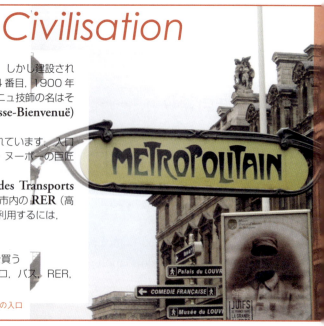

LEÇON 12

実用フランス語技能検定試験　5級　対策問題

1 次の (1)〜(4) 内に入れるのに最も適切なものを，それぞれ①〜③のなかから一つずつ選びなさい.

(1) Il va en France (　　　　　) été ?
　　① ce　　　　　　② cet　　　　　　③ cette

(2) Je prends (　　　　　) soupe de miso.
　　① de la　　　　② des　　　　　　③ du

(3) Où est (　　　　　) musée, s'il vous plaît ?
　　① la　　　　　　② le　　　　　　　③ les

(4) Ce sont (　　　　　) enfants.
　　① ma　　　　　　② mes　　　　　　③ mon

(5) Il y a (　　　　　) livres sur la table.
　　① un　　　　　　② une　　　　　　③ des

2 次の (1)〜(5) 内に入れるのに最も適切なものを，それぞれ①〜③のなかから一つずつ選びなさい.

(1) Ils (　　　　　) du vin rouge.
　　① boit　　　　② boivent　　　　③ buvez

(2) Nous (　　　　　) tout de suite.
　　① pars　　　　② partez　　　　　③ partons

(3) Il se (　　　　　) à sept heures.
　　① lève　　　　② lèves　　　　　③ lèvent

(4) Qu'est-ce que tu (　　　　　) ?
　　① veut　　　　② veux　　　　　　③ voulez

(5) Vous (　　　　　) du sport ?
　　① fais　　　　② faites　　　　　③ font

57

3 例にならい，次の (1)～(4) において，それぞれ①～③をすべて用いて，あたえられた日本語に対応する文を完成したときに，（　　）内に入るのはどれですか．①～③のなかから一つずつ選びなさい．

例　東京に友達がいるの？

Tu ＿＿＿＿＿ （＿＿＿＿＿） ＿＿＿＿＿ à Tokyo ?
　　① amis　　　　　　② as　　　　　　③ des

Tu ＿as＿ （ des ） ＿amis＿ à Tokyo ?
となり，②③①の順なので，（　　）内に入るのは③.

（1）彼は何歳ですか？

Il ＿＿＿＿＿ （＿＿＿＿＿） ＿＿＿＿＿ ?
　　① a　　　　　　　② âge　　　　　　③ quel

（2）彼女は大きな家をもっています．

Elle a ＿＿＿＿＿ （＿＿＿＿＿） ＿＿＿＿＿ .
　　① grande　　　　② maison　　　　③ une

（3）あなたのお名前は？

Vous ＿＿＿＿＿ （＿＿＿＿＿） ＿＿＿＿＿ ?
　　① appelez　　　② comment　　　③ vous

（4）冷蔵庫に牛乳はありません．

Il ＿＿＿＿＿ （＿＿＿＿＿） ＿＿＿＿＿ pas de lait dans le frigo.
　　① a　　　　　　② n'　　　　　　③ y

4 次の (1)～(4) に対する応答として適切なものを，それぞれ①～②から選びなさい．

（1）Quelle heure est-il ?
　　① Il arrive à dix heures.
　　② Il est midi.

（2）Qui est-ce ?
　　① C'est mon hôtel.
　　② C'est mon père.

58

(3) Tu finis tes études quand ?
　① En mars.
　② L'année dernière.

(4) Comment vas-tu ?
　① Je vais très bien.
　② Je vais en Chine.

5 次の (1)〜(4) において，日本語で示した特徴を**持たない**語を，それぞれ ①〜③のなかから一つずつ選びなさい．

(1) 家族
　① fils　　② oncle　　③ lune

(2) 身体
　① demain　　② main　　③ tête

(3) 乗物
　① avion　　② billet　　③ vélo

(4) 曜日
　① jeudi　　② mardi　　③ juin

6 次の (1)〜(4) の絵に対応する文を，それぞれ①，②から選びなさい．

(1)
　① Elle a l'air content.
　② Elle a l'air triste.

(2)
① J'ai mal au dos.
② J'ai mal aux pieds.

(3)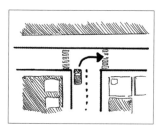
① Cette voiture tourne à gauche.
② Cette voiture tourne à droite.

(4)
① Elle entre dans la classe.
② Elle sort de la classe.

7 次の会話を読み，(1)〜(4) に入れるのにもっとも適切なものを，それぞれ ①〜③の中から一つずつ選びなさい．

Paul : Tu as quelque chose (1) faire ce week-end ?
Jun : (2) de spécial.
Paul : On va (3) campagne ?
Jun : C'est une bonne idée.
Paul : Alors, (4) samedi matin, en voiture !

(1) ① à　　　　　② de　　　　③ pour
(2) ① moins　　　② plus　　　③ rien
(3) ① à la　　　　② au　　　　③ en
(4) ① commençons　② partons　③ visitons

やさしいサリュ
（改訂版）

田　辺　保　子
中　野　久　子　著
田　口　啓　子
末　永　朱　胤

2008.4.1　初版発行
2025.4.1　改訂版5刷発行

発行者　上　野　名　保　子

発行所　〒101-0062 東京都千代田区神田駿河台3の7　株式会社　駿河台出版社
　　　　電 話 03 (3291) 1676　FAX 03 (3291) 1675
　　　　振 替 00190-3-56669

印刷・製本　精文堂印刷株式会社
http://www.e-surugadai.com
ISBN978-4-411-00835-0　C1085

動 詞 活 用 表

◇ 活用表中，現在分詞と過去分詞はイタリック体，
また書体の違う活用は，とくに注意すること．

accueillir	22	écrire	40	pleuvoir	61
acheter	10	émouvoir	55	pouvoir	54
acquérir	26	employer	13	préférer	12
aimer	7	envoyer	15	prendre	29
aller	16	être	2	recevoir	52
appeler	11	être aimé(e)(s)	5	rendre	28
(s')asseoir	60	être allé(e)(s)	4	résoudre	42
avoir	1	faire	31	rire	48
avoir aimé	3	falloir	62	rompre	50
battre	46	finir	17	savoir	56
boire	41	fuir	27	sentir	19
commencer	8	(se) lever	6	suffire	34
conclure	49	lire	33	suivre	38
conduire	35	manger	9	tenir	20
connaître	43	mettre	47	vaincre	51
coudre	37	mourir	25	valoir	59
courir	24	naître	44	venir	21
craindre	30	ouvrir	23	vivre	39
croire	45	partir	18	voir	57
devoir	53	payer	14	vouloir	58
dire	32	plaire	36		

◇ 単純時称の作り方

不定法		直説法現在			接続法現在		直説法半過去	
—er [e]	je (j')	—e [無音]	—s [無音]		—e [無音]		—ais [ɛ]	
—ir [ir]	tu	—es [無音]	—s [無音]		—es [無音]		—ais [ɛ]	
—re [r]	il	—e [無音]	—t [無音]		—e [無音]		—ait [ɛ]	
—oir [war]								
	nous	—ons [ɔ̃]			—ions [jɔ̃]		—ions [jɔ̃]	
現在分詞	vous	—ez [e]			—iez [je]		—iez [je]	
—ant [ɑ̃]	ils	—ent [無音]			—ent [無音]		—aient [ɛ]	

	直説法単純未来		条件法現在	
je (j')	—rai	[re]	—rais	[rɛ]
tu	—ras	[rɑ]	—rais	[rɛ]
il	—ra	[ra]	—rait	[rɛ]
nous	—rons	[rɔ̃]	—rions	[rjɔ̃]
vous	—rez	[re]	—riez	[rje]
ils	—ront	[rɔ̃]	—raient	[rɛ]

	直説法単純過去					
je	—ai	[e]	—is	[i]	—us	[y]
tu	—as	[ɑ]	—is	[i]	—us	[y]
il	—a	[a]	—it	[i]	—ut	[y]
nous	—âmes	[am]	—îmes	[im]	—ûmes	[ym]
vous	—âtes	[at]	—îtes	[it]	—ûtes	[yt]
ils	—èrent	[ɛr]	—irent	[ir]	—urent	[yr]

過去分詞	—é [e], —i [i], —u [y], —s [無音], —t [無音]

①**直説法現在**の単数形は，第一群動詞では—e，—es，—e；他の動詞ではほとんど—s，—s，—t.

②**直説法現在**と**接続法現在**では，nous, vous の語幹が，他の人称の語幹と異なること（母音交替）がある.

③**命令法**は，直説法現在の tu, nous, vous をとった形.（ただし—es → e　vas → va）

④**接続法現在**は，多く直説法現在の3人称複数形から作られる. ils partent → je parte.

⑤**直説法半過去**と**現在分詞**は，直説法現在の1人称複数形から作られる.

⑥**直説法単純未来**と**条件法現在**は多く不定法から作られる. aimer → j'aimerai, finir → je finirai, rendre → je rendrai(-oir 型の語幹は不規則).

1. avoir

		直　説　法				
	現　在		**半　過　去**		**単　純　過　去**	
現在分詞	j'	ai	j'	avais	j'	eus　[y]
ayant	tu	as	tu	avais	tu	eus
	il	a	il	avait	il	eut
過去分詞	nous	avons	nous	avions	nous	eûmes
eu [y]	vous	avez	vous	aviez	vous	eûtes
	ils	ont	ils	avaient	ils	eurent

命　令　法	**複　合　過　去**			**大　過　去**			**前　過　去**		
	j'	ai	eu	j'	avais	eu	j'	eus	eu
aie	tu	as	eu	tu	avais	eu	tu	eus	eu
	il	a	eu	il	avait	eu	il	eut	eu
ayons	nous	avons	eu	nous	avions	eu	nous	eûmes	eu
ayez	vous	avez	eu	vous	aviez	eu	vous	eûtes	eu
	ils	ont	eu	ils	avaient	eu	ils	eurent	eu

2. être

		直　説　法				
	現　在		**半　過　去**		**単　純　過　去**	
現在分詞	je	suis	j'	étais	je	fus
étant	tu	es	tu	étais	tu	fus
	il	est	il	était	il	fut
過去分詞	nous	sommes	nous	étions	nous	fûmes
été	vous	êtes	vous	étiez	vous	fûtes
	ils	sont	ils	étaient	ils	furent

命　令　法	**複　合　過　去**			**大　過　去**			**前　過　去**		
	j'	ai	été	j'	avais	été	j'	eus	été
sois	tu	as	été	tu	avais	été	tu	eus	été
	il	a	été	il	avait	été	il	eut	été
soyons	nous	avons	été	nous	avions	été	nous	eûmes	été
soyez	vous	avez	été	vous	aviez	été	vous	eûtes	été
	ils	ont	été	ils	avaient	été	ils	eurent	été

3. avoir aimé

[複合時称]

	直　説　法					
	複　合　過　去		**大　過　去**		**前　過　去**	
分詞複合形	j'	ai	aimé	j'	avais	aimé	j'	eus	aimé
ayant aimé	tu	as	aimé	tu	avais	aimé	tu	eus	aimé
	il	a	aimé	il	avait	aimé	il	eut	aimé
命　令　法	elle	a	aimé	elle	avait	aimé	elle	eut	aimé
aie aimé	nous	avons	aimé	nous	avions	aimé	nous	eûmes	aimé
	vous	avez	aimé	vous	aviez	aimé	vous	eûtes	aimé
ayons aimé	ils	ont	aimé	ils	avaient	aimé	ils	eurent	aimé
ayez aimé	elles	ont	aimé	elles	avaient	aimé	elles	eurent	aimé

4. être allé(e)(s)

[複合時称]

	直　説　法					
	複　合　過　去		**大　過　去**		**前　過　去**	
分詞複合形	je	suis	allé(e)	j'	étais	allé(e)	je	fus	allé(e)
étant allé(e)(s)	tu	es	allé(e)	tu	étais	allé(e)	tu	fus	allé(e)
	il	est	allé	il	était	allé	il	fut	allé
命　令　法	elle	est	allée	elle	était	allée	elle	fut	allée
sois allé(e)	nous	sommes	allé(e)s	nous	étions	allé(e)s	nous	fûmes	allé(e)s
soyons allé(e)s	vous	êtes	allé(e)(s)	vous	étiez	allé(e)(s)	vous	fûtes	allé(e)(s)
soyez allé(e)(s)	ils	sont	allés	ils	étaient	allés	ils	furent	allés
	elles	sont	allées	elles	étaient	allées	elles	furent	allées

条　件　法		接　続　法	
単　純　未　来	**現　在**	**現　在**	**半　過　去**
j'　aurai	j'　aurais	j'　aie	j'　eusse
tu　auras	tu　aurais	tu　aies	tu　eusses
il　aura	il　aurait	il　ait	il　eût
nous　aurons	nous　aurions	nous　ayons	nous　eussions
vous　aurez	vous　auriez	vous　ayez	vous　eussiez
ils　auront	ils　auraient	ils　aient	ils　eussent
前　未　来	**過　去**	**過　去**	**大　過　去**
j'　aurai　eu	j'　aurais　eu	j'　aie　eu	j'　eusse　eu
tu　auras　eu	tu　aurais　eu	tu　aies　eu	tu　eusses　eu
il　aura　eu	il　aurait　eu	il　ait　eu	il　eût　eu
nous　aurons　eu	nous　aurions　eu	nous　ayons　eu	nous　eussions　eu
vous　aurez　eu	vous　auriez　eu	vous　ayez　eu	vous　eussiez　eu
ils　auront　eu	ils　auraient　eu	ils　aient　eu	ils　eussent　eu

条　件　法		接　続　法	
単　純　未　来	**現　在**	**現　在**	**半　過　去**
je　serai	je　serais	je　sois	je　fusse
tu　seras	tu　serais	tu　sois	tu　fusses
il　sera	il　serait	il　soit	il　fût
nous　serons	nous　serions	nous　soyons	nous　fussions
vous　serez	vous　seriez	vous　soyez	vous　fussiez
ils　seront	ils　seraient	ils　soient	ils　fussent
前　未　来	**過　去**	**過　去**	**大　過　去**
j'　aurai　été	j'　aurais　été	j'　aie　été	j'　eusse　été
tu　auras　été	tu　aurais　été	tu　aies　été	tu　eusses　été
il　aura　été	il　aurait　été	il　ait　été	il　eût　été
nous　aurons　été	nous　aurions　été	nous　ayons　été	nous　eussions　été
vous　aurez　été	vous　auriez　été	vous　ayez　été	vous　eussiez　été
ils　auront　été	ils　auraient　été	ils　aient　été	ils　eussent　été

条　件　法		接　続　法	
前　未　来	**過　去**	**過　去**	**大　過　去**
j'　aurai　aimé	j'　aurais　aimé	j'　aie　aimé	j'　eusse　aimé
tu　auras　aimé	tu　aurais　aimé	tu　aies　aimé	tu　eusses　aimé
il　aura　aimé	il　aurait　aimé	il　ait　aimé	il　eût　aimé
elle　aura　aimé	elle　aurait　aimé	elle　ait　aimé	elle　eût　aimé
nous　aurons　aimé	nous　aurions　aimé	nous　ayons　aimé	nous　eussions　aimé
vous　aurez　aimé	vous　auriez　aimé	vous　ayez　aimé	vous　eussiez　aimé
ils　auront　aimé	ils　auraient　aimé	ils　aient　aimé	ils　eussent　aimé
elles　auront　aimé	elles　auraient　aimé	elles　aient　aimé	elles　eussent　aimé

条　件　法		接　続　法	
前　未　来	**過　去**	**過　去**	**大　過　去**
je　serai　allé(e)	je　serais　allé(e)	je　sois　allé(e)	je　fusse　allé(e)
tu　seras　allé(e)	tu　serais　allé(e)	tu　sois　allé(e)	tu　fusse　allé(e)
il　sera　allé	il　serait　allé	il　soit　allé	il　fût　allé
elle　sera　allée	elle　serait　allée	elle　soit　allée	elle　fût　allée
nous　serons　allé(e)s	nous　serions　allé(e)s	nous　soyons　allé(e)s	nous　fussions　allé(e)s
vous　serez　allé(e)(s)	vous　seriez　allé(e)(s)	vous　soyez　allé(e)(s)	vous　fussiez　allé(e)(s)
ils　seront　allés	ils　seraient　allés	ils　soient　allés	ils　fussent　allés
elles　seront　allées	elles　seraient　allées	elles　soient　allées	elles　fussent　allées

5. être aimé(e)(s) ［受動態］

直　説　法				接　続　法	
現　在		**複　合　過　去**		**現　在**	
je suis aimé(e)		j' ai été aimé(e)		je sois aimé(e)	
tu es aimé(e)		tu as été aimé(e)		tu sois aimé(e)	
il est aimé		il a été aimé		il soit aimé	
elle est aimée		elle a été aimée		elle soit aimée	
nous sommes aimé(e)s		nous avons été aimé(e)s		nous soyons aimé(e)s	
vous êtes aimé(e)(s)		vous avez été aimé(e)(s)		vous soyez aimé(e)(s)	
ils sont aimés		ils ont été aimés		ils soient aimés	
elles sont aimées		elles ont été aimées		elles soient aimées	
半　過　去		**大　過　去**		**過　去**	
j' étais aimé(e)		j' avais été aimé(e)		j' aie été aimé(e)	
tu étais aimé(e)		tu avais été aimé(e)		tu aies été aimé(e)	
il était aimé		il avait été aimé		il ait été aimé	
elle était aimée		elle avait été aimée		elle ait été aimée	
nous étions aimé(e)s		nous avions été aimé(e)s		nous ayons été aimé(e)s	
vous étiez aimé(e)(s)		vous aviez été aimé(e)(s)		vous ayez été aimé(e)(s)	
ils étaient aimés		ils avaient été aimés		ils aient été aimés	
elles étaient aimées		elles avaient été aimées		elles aient été aimées	
単　純　過　去		**前　過　去**		**半　過　去**	
je fus aimé(e)		j' eus été aimé(e)		je fusse aimé(e)	
tu fus aimé(e)		tu eus été aimé(e)		tu fusses aimé(e)	
il fut aimé		il eut été aimé		il fût aimé	
elle fut aimée		elle eut été aimée		elle fût aimée	
nous fûmes aimé(e)s		nous eûmes été aimé(e)s		nous fussions aimé(e)s	
vous fûtes aimé(e)(s)		vous eûtes été aimé(e)(s)		vous fussiez aimé(e)(s)	
ils furent aimés		ils eurent été aimés		ils fussent aimés	
elles furent aimées		elles eurent été aimées		elles fussent aimées	
単　純　未　来		**前　未　来**		**大　過　去**	
je serai aimé(e)		j' aurai été aimé(e)		j' eusse été aimé(e)	
tu seras aimé(e)		tu auras été aimé(e)		tu eusses été aimé(e)	
il sera aimé		il aura été aimé		il eût été aimé	
elle sera aimée		elle aura été aimée		elle eût été aimée	
nous serons aimé(e)s		nous aurons été aimé(e)s		nous eussions été aimé(e)s	
vous serez aimé(e)(s)		vous aurez été aimé(e)(s)		vous eussiez été aimé(e)(s)	
ils seront aimés		ils auront été aimés		ils eussent été aimés	
elles seront aimées		elles auront été aimées		elles eussent été aimées	
条　件　法				**現在分詞**	
現　在		**過　去**		étant aimé(e)(s)	
je serais aimé(e)		j' aurais été aimé(e)			
tu serais aimé(e)		tu aurais été aimé(e)		**過去分詞**	
il serait aimé		il aurait été aimé		été aimé(e)(s)	
elle serait aimée		elle aurait été aimée			
nous serions aimé(e)s		nous aurions été aimé(e)s		**命　令　法**	
vous seriez aimé(e)(s)		vous auriez été aimé(e)(s)		sois aimé(e)s	
ils seraient aimés		ils auraient été aimés		soyons aimé(e)s	
elles seraient aimées		elles auraient été aimées		soyez aimé(e)(s)	

6. se lever [代名動詞]

直　説　法		接　続　法	

直説法

現　在			複　合　過　去				現　在		
je	me	lève	je	me	suis	levé(e)	je	me	lève
tu	te	lèves	tu	t'	es	levé(e)	tu	te	lèves
il	se	lève	il	s'	est	levé	il	se	lève
elle	se	lève	elle	s'	est	levée	elle	se	lève
nous	nous	levons	nous	nous	sommes	levé(e)s	nous	nous	levions
vous	vous	levez	vous	vous	êtes	levé(e)(s)	vous	vous	leviez
ils	se	lèvent	ils	se	sont	levés	ils	se	lèvent
elles	se	lèvent	elles	se	sont	levées	elles	se	lèvent

半　過　去			大　過　去				過　去		
je	me	levais	je	m'	étais	levé(e)	je	me	sois	levé(e)
tu	te	levais	tu	t'	étais	levé(e)	tu	te	sois	levé(e)
il	se	levait	il	s'	était	levé	il	se	soit	levé
elle	se	levait	elle	s'	était	levée	elle	se	soit	levée
nous	nous	levions	nous	nous	étions	levé(e)s	nous	nous	soyons	levé(e)s
vous	vous	leviez	vous	vous	étiez	levé(e)(s)	vous	vous	soyez	levé(e)(s)
ils	se	levaient	ils	s'	étaient	levés	ils	se	soient	levés
elles	se	levaient	elles	s'	étaient	levées	elles	se	soient	levées

単　純　過　去			前　過　去				半　過　去		
je	me	levai	je	me	fus	levé(e)	je	me	levasse
tu	te	levas	tu	te	fus	levé(e)	tu	te	levasses
il	se	leva	il	se	fut	levé	il	se	levât
elle	se	leva	elle	se	fut	levée	elle	se	levât
nous	nous	levâmes	nous	nous	fûmes	levé(e)s	nous	nous	levassions
vous	vous	levâtes	vous	vous	fûtes	levé(e)(s)	vous	vous	levassiez
ils	se	levèrent	ils	se	furent	levés	ils	se	levassent
elles	se	levèrent	elles	se	furent	levées	elles	se	levassent

単　純　未　来			前　未　来				大　過　去		
je	me	lèverai	je	me	serai	levé(e)	je	me	fusse	levé(e)
tu	te	lèveras	tu	te	seras	levé(e)	tu	te	fusses	levé(e)
il	se	lèvera	il	se	sera	levé	il	se	fût	levé
elle	se	lèvera	elle	se	sera	levée	elle	se	fût	levée
nous	nous	lèverons	nous	nous	serons	levé(e)s	nous	nous	fussions	levé(e)s
vous	vous	lèverez	vous	vous	serez	levé(e)(s)	vous	vous	fussiez	levé(e)(s)
ils	se	lèveront	ils	se	seront	levés	ils	se	fussent	levés
elles	se	lèveront	elles	se	seront	levées	elles	se	fussent	levées

条件法

現　在			過　去			
je	me	lèverais	je	me	serais	levé(e)
tu	te	lèverais	tu	te	serais	levé(e)
il	se	lèverait	il	se	serait	levé
elle	se	lèverait	elle	se	serait	levée
nous	nous	lèverions	nous	nous	serions	levé(e)s
vous	vous	lèveriez	vous	vous	seriez	levé(e)(s)
ils	se	lèveraient	ils	se	seraient	levés
elles	se	lèveraient	elles	se	seraient	levées

現在分詞

se levant

命　令　法

lève-toi
levons-nous
levez-vous

◇ se が間接補語のとき過去分詞は性・数の変化をしない.

不 定 法 現在分詞 過去分詞	直　説　法			
	現　在	半 過 去	単純過去	単純未来
7. aimer *aimant* *aimé*	j'　aime tu　aimes il　aime n.　aimons v.　aimez ils　aiment	j'　aimais tu　aimais il　aimait n.　aimions v.　aimiez ils　aimaient	j'　aimai tu　aimas il　aima n.　aimâmes v.　aimâtes ils　aimèrent	j'　aimerai tu　aimeras il　aimera n.　aimerons v.　aimerez ils　aimeront
8. commencer *commençant* *commencé*	je　commence tu　commences il　commence n.　commençons v.　commencez ils　commencent	je　commençais tu　commençais il　commençait n.　commencions v.　commenciez ils　commençaient	je　commençai tu　commenças il　commença n.　commençâmes v.　commençâtes ils　commencèrent	je　commencerai tu　commenceras il　commencera n.　commencerons v.　commencerez ils　commenceront
9. manger *mangeant* *mangé*	je　mange tu　manges il　mange n.　mangeons v.　mangez ils　mangent	je　mangeais tu　mangeais il　mangeait n.　mangions v.　mangiez ils　mangeaient	je　mangeai tu　mangeas il　mangea n.　mangeâmes v.　mangeâtes ils　mangèrent	je　mangerai tu　mangeras il　mangera n.　mangerons v.　mangerez ils　mangeront
10. acheter *achetant* *acheté*	j'　achète tu　achètes il　achète n.　achetons v.　achetez ils　achètent	j'　achetais tu　achetais il　achetait n.　achetions v.　achetiez ils　achetaient	j'　achetai tu　achetas il　acheta n.　achetâmes v.　achetâtes ils　achetèrent	j'　achèterai tu　achèteras il　achètera n.　achèterons v.　achèterez ils　achèteront
11. appeler *appelant* *appelé*	j'　appelle tu　appelles il　appelle n.　appelons v.　appelez ils　appellent	j'　appelais tu　appelais il　appelait n.　appelions v.　appeliez ils　appelaient	j'　appelai tu　appelas il　appela n.　appelâmes v.　appelâtes ils　appelèrent	j'　appellerai tu　appelleras il　appellera n.　appellerons v.　appellerez ils　appelleront
12. préférer *préférant* *préféré*	je　préfère tu　préfères il　préfère n.　préférons v.　préférez ils　préfèrent	je　préférais tu　préférais il　préférait n.　préférions v.　préfériez ils　préféraient	je　préférai tu　préféras il　préféra n.　préférâmes v.　préférâtes ils　préférèrent	je　préférerai tu　préféreras il　préférera n.　préférerons v.　préférerez ils　préféreront
13. employer *employant* *employé*	j'　emploie tu　emploies il　emploie n.　employons v.　employez ils　emploient	j'　employais tu　employais il　employait n.　employions v.　employiez ils　employaient	j'　employai tu　employas il　employa n.　employâmes v.　employâtes ils　employèrent	j'　emploierai tu　emploieras il　emploiera n.　emploierons v.　emploierez ils　emploieront

条　件　法	接　続　法		命　令　法	同　型
現　在	現　在	半　過　去		
j' aimerais tu aimerais il aimerait n. aimerions v. aimeriez ils aimeraient	j' aime tu aimes il aime n. aimions v. aimiez ils aiment	j' aimasse tu aimasses il aimât n. aimassions v. aimassiez ils aimassent	aime aimons aimez	注語尾 -er の動詞 （除：aller, envoyer） を第一群規則動詞と もいう.
je commencerais tu commencerais il commencerait n. commencerions v. commenceriez ils commenceraient	je commence tu commences il commence n. commencions v. commenciez ils commencent	je commençasse tu commençasses il commençât n. commençassions v. commençassiez ils commençassent	commence commençons commencez	avancer effacer forcer lancer placer prononcer remplacer renoncer
je mangerais tu mangerais il mangerait n. mangerions v. mangeriez ils mangeraient	je mange tu manges il mange n. mangions v. mangiez ils mangent	je mangeasse tu mangeasses il mangeât n. mangeassions v. mangeassiez ils mangeassent	mange mangeons mangez	arranger changer charger déranger engager manger obliger voyager
j' achèterais tu achèterais il achèterait n. achèterions v. achèteriez ils achèteraient	j' achète tu achètes il achète n. achetions v. achetiez ils achètent	j' achetasse tu achetasses il achetât n. achetassions v. achetassiez ils achetassent	achète achetons achetez	achever amener enlever lever mener peser (se) promener
j' appellerais tu appellerais il appellerait n. appellerions v. appelleriez ils appelleraient	j' appelle tu appelles il appelle n. appelions v. appeliez ils appellent	j' appelasse tu appelasses il appelât n. appelassions v. appelassiez ils appelassent	appelle appelons appelez	jeter rappeler rejeter renouveler
je préférerais tu préférerais il préférerait n. préférerions v. préféreriez ils préféreraient	je préfère tu préfères il préfère n. préférions v. préfériez ils préfèrent	je préférasse tu préférasses il préférât n. préférassions v. préférassiez ils préférassent	préfère préférons préférez	considérer désespérer espérer inquiéter pénétrer posséder répéter sécher
j' emploierais tu emploierais il emploierait n. emploierions v. emploieriez ils emploieraient	j' emploie tu emploies il emploie n. employions v. employiez ils emploient	j' employasse tu employasses il employât n. employassions v. employassiez ils employassent	emploie employons employez	-oyer（除：envoyer） -uyer appuyer ennuyer essuyer nettoyer

不 定 法 現在分詞 過去分詞	直　説　法			
	現　在	半　過　去	単純過去	単純未来
14. payer *payant* *payé*	je　paye (paie) tu　payes (paies) il　paye (paie) n.　payons v.　payez ils　payent (paient)	je　payais tu　payais il　payait n.　payions v.　payiez ils　payaient	je　payai tu　payas il　paya n.　payâmes v.　payâtes ils　payèrent	je　payerai (paierai) tu　payeras (*etc.* . . .) il　payera n.　payerons v.　payerez ils　payeront
15. envoyer *envoyant* *envoyé*	j'　envoie tu　envoies il　envoie n.　envoyons v.　envoyez ils　envoient	j'　envoyais tu　envoyais il　envoyait n.　envoyions v.　envoyiez ils　envoyaient	j'　envoyai tu　envoyas il　envoya n.　envoyâmes v.　envoyâtes ils　envoyèrent	j'　**enverrai** tu　**enverras** il　**enverra** n.　**enverrons** v.　**enverrez** ils　**enverront**
16. aller *allant* *allé*	je　**vais** tu　**vas** il　**va** n.　allons v.　allez ils　**vont**	j'　allais tu　allais il　allait n.　allions v.　alliez ils　allaient	j'　allai tu　allas il　alla n.　allâmes v.　allâtes ils　allèrent	j'　**irai** tu　**iras** il　**ira** n.　**irons** v.　**irez** ils　**iront**
17. finir *finissant* *fini*	je　finis tu　finis il　finit n.　finissons v.　finissez ils　finissent	je　finissais tu　finissais il　finissait n.　finissions v.　finissiez ils　finissaient	je　finis tu　finis il　finit n.　finîmes v.　finîtes ils　finirent	je　finirai tu　finiras il　finira n.　finirons v.　finirez ils　finiront
18. partir *partant* *parti*	je　pars tu　pars il　part n.　partons v.　partez ils　partent	je　partais tu　partais il　partait n.　partions v.　partiez ils　partaient	je　partis tu　partis il　partit n.　partîmes v.　partîtes ils　partirent	je　partirai tu　partiras il　partira n.　partirons v.　partirez ils　partiront
19. sentir *sentant* *senti*	je　sens tu　sens il　sent n.　sentons v.　sentez ils　sentent	je　sentais tu　sentais il　sentait n.　sentions v.　sentiez ils　sentaient	je　sentis tu　sentis il　sentit n.　sentîmes v.　sentîtes ils　sentirent	je　sentirai tu　sentiras il　sentira n.　sentirons v.　sentirez ils　sentiront
20. tenir *tenant* *tenu*	je　tiens tu　tiens il　tient n.　tenons v.　tenez ils　tiennent	je　tenais tu　tenais il　tenait n.　tenions v.　teniez ils　tenaient	je　tins tu　tins il　tint n.　tînmes v.　tîntes ils　tinrent	je　**tiendrai** tu　**tiendras** il　**tiendra** n.　**tiendrons** v.　**tiendrez** ils　**tiendront**

条件法	接続法		命令法	同型
現在	現在	半過去		
je payerais (paierais) tu payerais (*etc.*...) il payerait n. payerions v. payeriez ils payeraient	je paye (paie) tu payes (paies) il paye (paie) n. payions v. payiez ils payent (paient)	je payasse tu payasses il payât n. payassions v. payassiez ils payassent	paie (paye) payons payez	[発音] je paye [ʒəpɛj], je paie 「ʒəpɛ]; je payerai [ʒəpɛjre], je paierai 「ʒəpɛre].
j' enverrais tu enverrais il enverrait n. enverrions v. enverriez ils enverraient	j' envoie tu envoies il envoie n. envoyions v. envoyiez ils envoient	j' envoyasse tu envoyasses il envoyât n. envoyassions v. envoyassiez ils envoyassent	envoie envoyons envoyez	注 未来，条・現を除い ては，13 と同じ． **renvoyer**
j' irais tu irais il irait n. irions v. iriez ils iraient	j' **aille** tu **ailles** il **aille** n. allions v. alliez ils **aillent**	j' allasse tu allasses il allât n. allassions v. allassiez ils allassent	**va** allons allez	注 y がつくとき命令法・ 現在は vas: vas-y. 直・ 現・3 人称複数に ont の 語尾をもつものは他に ont(avoir), sont(être), font(faire)のみ．
je finirais tu finirais il finirait n. finirions v. finiriez ils finiraient	je finisse tu finisses il finisse n. finissions v. finissiez ils finissent	je finisse tu finisses il finît n. finissions v. finissiez ils finissent	finis finissons finissez	注 finir 型の動詞を第 2 群規則動詞という．
je partirais tu partirais il partirait n. partirions v. partiriez ils partiraient	je parte tu partes il parte n. partions v. partiez ils partent	je partisse tu partisses il partît n. partissions v. partissiez ils partissent	pars partons partez	注 助動詞は être. **sortir**
je sentirais tu sentirais il sentirait n. sentirions v. sentiriez ils sentiraient	je sente tu sentes il sente n. sentions v. sentiez ils sentent	je sentisse tu sentisses il sentît n. sentissions v. sentissiez ils sentissent	sens sentons sentez	注 18 と助動詞を除 けば同型．
je tiendrais tu tiendrais il tiendrait n. tiendrions v. tiendriez ils tiendraient	je tienne tu tiennes il tienne n. tenions v. teniez ils tiennent	je tinsse tu tinsses il tînt n. tinssions v. tinssiez ils tinssent	tiens tenons tenez	注 **venir 21** と同型， ただし，助動詞は avoir.

不定法 現在分詞 過去分詞	直　説　法			
	現　　在	半　過　去	単純過去	単純未来
21. venir *venant* *venu*	je viens tu viens il vient n. venons v. venez ils viennent	je venais tu venais il venait n. venions v. veniez ils venaient	je vins tu vins il vint n. vînmes v. vîntes ils vinrent	je **viendrai** tu **viendras** il **viendra** n. **viendrons** v. **viendrez** ils **viendront**
22. accueillir *accueillant* *accueilli*	j' **accueille** tu **accueilles** il **accueille** n. accueillons v. accueillez ils accueillent	j' accueillais tu accueillais il accueillait n. accueillions v. accueilliez ils accueillaient	j' accueillis tu accueillis il accueillit n. accueillîmes v. accueillîtes ils accueillirent	j' **accueillerai** tu **accueilleras** il **accueillera** n. **accueillerons** v. **accueillerez** ils **accueilleront**
23. ouvrir *ouvrant* *ouvert*	j' **ouvre** tu **ouvres** il **ouvre** n. ouvrons v. ouvrez ils ouvrent	j' ouvrais tu ouvrais il ouvrait n. ouvrions v. ouvriez ils ouvraient	j' ouvris tu ouvris il ouvrit n. ouvrîmes v. ouvrîtes ils ouvrirent	j' ouvrirai tu ouvriras il ouvrira n. ouvrirons v. ouvrirez ils ouvriront
24. courir *courant* *couru*	je cours tu cours il court n. courons v. courez ils courent	je courais tu courais il courait n. courions v. couriez ils couraient	je courus tu courus il courut n. courûmes v. courûtes ils coururent	je **courrai** tu **courras** il **courra** n. **courrons** v. **courrez** ils **courront**
25. mourir *mourant* *mort*	je meurs tu meurs il meurt n. mourons v. mourez ils meurent	je mourais tu mourais il mourait n. mourions v. mouriez ils mouraient	je mourus tu mourus il mourut n. mourûmes v. mourûtes ils moururent	je **mourrai** tu **mourras** il **mourra** n. **mourrons** v. **mourrez** ils **mourront**
26. acquérir *acquérant* *acquis*	j' acquiers tu acquiers il acquiert n. acquérons v. acquérez ils acquièrent	j' acquérais tu acquérais il acquérait n. acquérions v. acquériez ils acquéraient	j' acquis tu acquis il acquit n. acquîmes v. acquîtes ils acquirent	j' **acquerrai** tu **acquerras** il **acquerra** n. **acquerrons** v. **acquerrez** ils **acquerront**
27. fuir *fuyant* *fui*	je fuis tu fuis il fuit n. fuyons v. fuyez ils fuient	je fuyais tu fuyais il fuyait n. fuyions v. fuyiez ils fuyaient	je fuis tu fuis il fuit n. fuîmes v. fuîtes ils fuirent	je fuirai tu fuiras il fuira n. fuirons v. fuirez ils fuiront

12

条　件　法	接　続　法		命　令　法	同　型
現　　在	現　　在	半　過　去		
je viendrais tu viendrais il viendrait n. viendrions v. viendriez ils viendraient	je vienne tu viennes il vienne n. venions v. veniez ils viennent	je vinsse tu vinsses il vînt n. vinssions v. vinssiez ils vinssent	viens venons venez	注助動詞は être. **devenir** **intervenir** **prévenir** **revenir** **(se) souvenir**
j' accueillerais tu accueillerais il accueillerait n. accueillerions v. accueilleriez ils accueilleraient	j' accueille tu accueilles il accueille n. accueillions v. accueilliez ils accueillent	j' accueillisse tu accueillisses il accueillît n. accueillissions v. accueillissiez ils accueillissent	**accueille** accueillons accueillez	**cueillir**
j' ouvrirais tu ouvrirais il ouvrirait n. ouvririons v. ouvririez ils ouvriraient	j' ouvre tu ouvres il ouvre n. ouvrions v. ouvriez ils ouvrent	j' ouvrisse tu ouvrisses il ouvrît n. ouvrissions v. ouvrissiez ils ouvrissent	**ouvre** ouvrons ouvrez	**couvrir** **découvrir** **offrir** **souffrir**
je courrais tu courrais il courrait n. courrions v. courriez ils courraient	je coure tu coures il coure n. courions v. couriez ils courent	je courusse tu courusses il courût n. courussions v. courussiez ils courussent	cours courons courez	**accourir**
je mourrais tu mourrais il mourrait n. mourrions v. mourriez ils mourraient	je meure tu meures il meure n. mourions v. mouriez ils meurent	je mourusse tu mourusses il mourût n. mourussions v. mourussiez ils mourussent	meurs mourons mourez	注助動詞は être.
j' acquerrais tu acquerrais il acquerrait n. acquerrions v. acquerriez ils acquerraient	j' acquière tu acquières il acquière n. acquérions v. acquériez ils acquièrent	j' acquisse tu acquisses il acquît n. acquissions v. acquissiez ils acquissent	acquiers acquérons acquérez	**conquérir**
je fuirais tu fuirais il fuirait n. fuirions v. fuiriez ils fuiraient	je fuie tu fuies il fuie n. fuyions v. fuyiez ils fuient	je fuisse tu fuisses il fuît n. fuissions v. fuissiez ils fuissent	fuis fuyons fuyez	**s'enfuir**

不 定 法 現在分詞 過去分詞	直 説 法			
	現　　在	半 過 去	単純過去	単純未来
28. rendre *rendant* *rendu*	je rends tu rends il **rend** n. rendons v. rendez ils rendent	je rendais tu rendais il rendait n. rendions v. rendiez ils rendaient	je rendis tu rendis il rendit n. rendîmes v. rendîtes ils rendirent	je rendrai tu rendras il rendra n. rendrons v. rendrez ils rendront
29. prendre *prenant* *pris*	je prends tu prends il **prend** n. prenons v. prenez ils prennent	je prenais tu prenais il prenait n. prenions v. preniez ils prenaient	je pris tu pris il prit n. prîmes v. prîtes ils prirent	je prendrai tu prendras il prendra n. prendrons v. prendrez ils prendront
30. craindre *craignant* *craint*	je crains tu crains il craint n. craignons v. craignez ils craignent	je craignais tu craignais il craignait n. craignions v. craigniez ils craignaient	je craignis tu craignis il craignit n. craignîmes v. craignîtes ils craignirent	je craindrai tu craindras il craindra n. craindrons v. craindrez ils craindront
31. faire *faisant* *fait*	je fais tu fais il fait n. faisons v. **faites** ils **font**	je faisais tu faisais il faisait n. faisions v. faisiez ils faisaient	je fis tu fis il fit n. fîmes v. fîtes ils firent	je **ferai** tu **feras** il **fera** n. **ferons** v. **ferez** ils **feront**
32. dire *disant* *dit*	je dis tu dis il dit n. disons v. **dites** ils disent	je disais tu disais il disait n. disions v. disiez ils disaient	je dis tu dis il dit n. dîmes v. dîtes ils dirent	je dirai tu diras il dira n. dirons v. direz ils diront
33. lire *lisant* *lu*	je lis tu lis il lit n. lisons v. lisez ils lisent	je lisais tu lisais il lisait n. lisions v. lisiez ils lisaient	je lus tu lus il lut n. lûmes v. lûtes ils lurent	je lirai tu liras il lira n. lirons v. lirez ils liront
34. suffire *suffisant* *suffi*	je suffis tu suffis il suffit n. suffisons v. suffisez ils suffisent	je suffisais tu suffisais il suffisait n. suffisions v. suffisiez ils suffisaient	je suffis tu suffis il suffit n. suffîmes v. suffîtes ils suffirent	je suffirai tu suffiras il suffira n. suffirons v. suffirez ils suffiront

条　件　法	接　続　法		命　令　法	同　型
現　　在	現　　在	半　過　去		
je rendrais tu rendrais il rendrait n. rendrions v. rendriez ils rendraient	je rende tu rendes il rende n. rendions v. rendiez ils rendent	je rendisse tu rendisses il rendît n. rendissions v. rendissiez ils rendissent	rends rendons rendez	**attendre** **descendre** **entendre** **pendre** **perdre** **répandre** **répondre** **vendre**
je prendrais tu prendrais il prendrait n. prendrions v. prendriez ils prendraient	je prenne tu prennes il prenne n. prenions v. preniez ils prennent	je prisse tu prisses il prît n. prissions v. prissiez ils prissent	prends prenons prenez	**apprendre** **comprendre** **entreprendre** **reprendre** **surprendre**
je craindrais tu craindrais il craindrait n. craindrions v. craindriez ils craindraient	je craigne tu craignes il craigne n. craignions v. craigniez ils craignent	je craignisse tu craignisses il craignît n. craignissions v. craignissiez ils craignissent	crains craignons craignez	**atteindre** **éteindre** **joindre** **peindre** **plaindre**
je ferais tu ferais il ferait n. ferions v. feriez ils feraient	je **fasse** tu **fasses** il **fasse** n. **fassions** v. **fassiez** ils **fassent**	je fisse tu fisses il fît n. fissions v. fissiez ils fissent	fais faisons **faites**	**défaire** **refaire** **satisfaire** 注 fais-[f(ə)z-]
je dirais tu dirais il dirait n. dirions v. diriez ils diraient	je dise tu dises il dise n. disions v. disiez ils disent	je disse tu disses il dît n. dissions v. dissiez ils dissent	dis disons **dites**	**redire**
je lirais tu lirais il lirait n. lirions v. liriez ils liraient	je lise tu lises il lise n. lisions v. lisiez ils lisent	je lusse tu lusses il lût n. lussions v. lussiez ils lussent	lis lisons lisez	**relire** **élire**
je suffirais tu suffirais il suffirait n. suffirions v. suffiriez ils suffiraient	je suffise tu suffises il suffise n. suffisions v. suffisiez ils suffisent	je suffisse tu suffisses il suffît n. suffissions v. suffissiez ils suffissent	suffis suffisons suffisez	

15

不 定 法 現在分詞 過去分詞	直　説　法			
	現　　在	半 過 去	単純過去	単純未来
35. conduire *conduisant* *conduit*	je conduis tu conduis il conduit n. conduisons v. conduisez ils conduisent	je conduisais tu conduisais il conduisait n. conduisions v. conduisiez ils conduisaient	je conduisis tu conduisis il conduisit n. conduisîmes v. conduisîtes ils conduisirent	je conduirai tu conduiras il conduira n. conduirons v. conduirez ils conduiront
36. plaire *plaisant* *plu*	je plais tu plais il **plaît** n. plaisons v. plaisez ils plaisent	je plaisais tu plaisais il plaisait n. plaisions v. plaisiez ils plaisaient	je plus tu plus il plut n. plûmes v. plûtes ils plurent	je plairai tu plairas il plaira n. plairons v. plairez ils plairont
37. coudre *cousant* *cousu*	je couds tu couds il coud n. cousons v. cousez ils cousent	je cousais tu cousais il cousait n. cousions v. cousiez ils cousaient	je cousis tu cousis il cousit n. cousîmes v. cousîtes ils cousirent	je coudrai tu coudras il coudra n. coudrons v. coudrez ils coudront
38. suivre *suivant* *suivi*	je suis tu suis il suit n. suivons v. suivez ils suivent	je suivais tu suivais il suivait n. suivions v. suiviez ils suivaient	je suivis tu suivis il suivit n. suivîmes v. suivîtes ils suivirent	je suivrai tu suivras il suivra n. suivrons v. suivrez ils suivront
39. vivre *vivant* *vécu*	je vis tu vis il vit n. vivons v. vivez ils vivent	je vivais tu vivais il vivait n. vivions v. viviez ils vivaient	je vécus tu vécus il vécut n. vécûmes v. vécûtes ils vécurent	je vivrai tu vivras il vivra n. vivrons v. vivrez ils vivront
40. écrire *écrivant* *écrit*	j' écris tu écris il écrit n. écrivons v. écrivez ils écrivent	j' écrivais tu écrivais il écrivait n. écrivions v. écriviez ils écrivaient	j' écrivis tu écrivis il écrivit n. écrivîmes v. écrivîtes ils écrivirent	j' écrirai tu écriras il écrira n. écrirons v. écrirez ils écriront
41. boire *buvant* *bu*	je bois tu bois il boit n. buvons v. buvez ils boivent	je buvais tu buvais il buvait n. buvions v. buviez ils buvaient	je bus tu bus il but n. bûmes v. bûtes ils burent	je boirai tu boiras il boira n. boirons v. boirez ils boiront

条件法	接続法		命令法	同型
現在	現在	半過去		
je conduirais tu conduirais il conduirait n. conduirions v. conduiriez ils conduiraient	je conduise tu conduises il conduise n. conduisions v. conduisiez ils conduisent	je conduisisse tu conduisisses il conduisît n. conduisissions v. conduisissiez ils conduisissent	conduis conduisons conduisez	**construire** **cuire** **détruire** **instruire** **introduire** **produire** **traduire**
je plairais tu plairais il plairait n. plairions v. plairiez ils plairaient	je plaise tu plaises il plaise n. plaisions v. plaisiez ils plaisent	je plusse tu plusses il plût n. plussions v. plussiez ils plussent	plais plaisons plaisez	**déplaire** **(se) taire** （ただし il se tait）
je coudrais tu coudrais il coudrait n. coudrions v. coudriez ils coudraient	je couse tu couses il couse n. cousions v. cousiez ils cousent	je cousisse tu cousisses il cousît n. cousissions v. cousissiez ils cousissent	couds cousons cousez	
je suivrais tu suivrais il suivrait n. suivrions v. suivriez ils suivraient	je suive tu suives il suive n. suivions v. suiviez ils suivent	je suivisse tu suivisses il suivît n. suivissions v. suivissiez ils suivissent	suis suivons suivez	**poursuivre**
je vivrais tu vivrais il vivrait n. vivrions v. vivriez ils vivraient	je vive tu vives il vive n. vivions v. viviez ils vivent	je vécusse tu vécusses il vécût n. vécussions v. vécussiez ils vécussent	vis vivons vivez	
j' écrirais tu écrirais il écrirait n. écririons v. écririez ils écriraient	j' écrive tu écrives il écrive n. écrivions v. écriviez ils écrivent	j' écrivisse tu écrivisses il écrivît n. écrivissions v. écrivissiez ils écrivissent	écris écrivons écrivez	**décrire** **inscrire**
je boirais tu boirais il boirait n. boirions v. boiriez ils boiraient	je boive tu boives il boive n. buvions v. buviez ils boivent	je busse tu busses il bût n. bussions v. bussiez ils bussent	bois buvons buvez	

不 定 法 現在分詞 過去分詞	直 説 法			
	現　在	半 過 去	単純過去	単純未来
42. résoudre *résolvant* *résolu*	je　résous tu　résous il　résout n.　résolvons v.　résolvez ils　résolvent	je　résolvais tu　résolvais il　résolvait n.　résolvions v.　résolviez ils　résolvaient	je　résolus tu　résolus il　résolut n.　résolûmes v.　résolûtes ils　résolurent	je　résoudrai tu　résoudras il　résoudra n.　résoudrons v.　résoudrez ils　résoudront
43. connaître *connaissant* *connu*	je　connais tu　connais il　**connaît** n.　connaissons v.　connaissez ils　connaissent	je　connaissais tu　connaissais il　connaissait n.　connaissions v.　connaissiez ils　connaissaient	je　connus tu　connus il　connut n.　connûmes v.　connûtes ils　connurent	je　connaîtrai tu　connaîtras il　connaîtra n.　connaîtrons v.　connaîtrez ils　connaîtront
44. naître *naissant* *né*	je　nais tu　nais il　**naît** n.　naissons v.　naissez ils　naissent	je　naissais tu　naissais il　naissait n.　naissions v.　naissiez ils　naissaient	je　naquis tu　naquis il　naquit n.　naquîmes v.　naquîtes ils　naquirent	je　naîtrai tu　naîtras il　naîtra n.　naîtrons v.　naîtrez ils　naîtront
45. croire *croyant* *cru*	je　crois tu　crois il　croit n.　croyons v.　croyez ils　croient	je　croyais tu　croyais il　croyait n.　croyions v.　croyiez ils　croyaient	je　crus tu　crus il　crut n.　crûmes v.　crûtes ils　crurent	je　croirai tu　croiras il　croira n.　croirons v.　croirez ils　croiront
46. battre *battant* *battu*	je　bats tu　bats il　**bat** n.　battons v.　battez ils　battent	je　battais tu　battais il　battait n.　battions v.　battiez ils　battaient	je　battis tu　battis il　battit n.　battîmes v.　battîtes ils　battirent	je　battrai tu　battras il　battra n.　battrons v.　battrez ils　battront
47. mettre *mettant* *mis*	je　mets tu　mets il　**met** n.　mettons v.　mettez ils　mettent	je　mettais tu　mettais il　mettait n.　mettions v.　mettiez ils　mettaient	je　mis tu　mis il　mit n.　mîmes v.　mîtes ils　mirent	je　mettrai tu　mettras il　mettra n.　mettrons v.　mettrez ils　mettront
48. rire *riant* *ri*	je　ris tu　ris il　rit n.　rions v.　riez ils　rient	je　riais tu　riais il　riait n.　riions v.　riiez ils　riaient	je　ris tu　ris il　rit n.　rîmes v.　rîtes ils　rirent	je　rirai tu　riras il　rira n.　rirons v.　rirez ils　riront

条 件 法	接 続 法		命 令 法	同 型
現　　在	現　　在	半 過 去		
je résoudrais tu résoudrais il résoudrait n. résoudrions v. résoudriez ils résoudraient	je résolve tu résolves il résolve n. résolvions v. résolviez ils résolvent	je résolusse tu résolusses il résolût n. résolussions v. résolussiez ils résolussent	résous résolvons résolvez	
je connaîtrais tu connaîtrais il connaîtrait n. connaîtrions v. connaîtriez ils connaîtraient	je connaisse tu connaisses il connaisse n. connaissions v. connaissiez ils connaissent	je connusse tu connusses il connût n. connussions v. connussiez ils connussent	connais connaissons connaissez	注 t の前にくるとき i→î. **apparaître** **disparaître** **paraître** **reconnaître**
je naîtrais tu naîtrais il naîtrait n. naîtrions v. naîtriez ils naîtraient	je naisse tu naisses il naisse n. naissions v. naissiez ils naissent	je naquisse tu naquisses il naquît n. naquissions v. naquissiez ils naquissent	nais naissons naissez	注 t の前にくるとき i→î. 助動詞はêtre.
je croirais tu croirais il croirait n. croirions v. croiriez ils croiraient	je croie tu croies il croie n. croyions v. croyiez ils croient	je crusse tu crusses il crût n. crussions v. crussiez ils crussent	crois croyons croyez	
je battrais tu battrais il battrait n. battrions v. battriez ils battraient	je batte tu battes il batte n. battions v. battiez ils battent	je battisse tu battisses il battît n. battissions v. battissiez ils battissent	bats battons battez	**abattre** **combattre**
je mettrais tu mettrais il mettrait n. mettrions v. mettriez ils mettraient	je mette tu mettes il mette n. mettions v. mettiez ils mettent	je misse tu misses il mît n. missions v. missiez ils missent	mets mettons mettez	**admettre** **commettre** **permettre** **promettre** **remettre**
je rirais tu rirais il rirait n. ririons v. ririez ils riraient	je rie tu ries il rie n. riions v. riiez ils rient	je risse tu risses il rît n. rissions v. rissiez ils rissent	ris rions riez	**sourire**

不 定 法 現在分詞 過去分詞	直　　説　　法			
	現　　在	半　過　去	単 純 過 去	単 純 未 来
49. conclure *concluant* *conclu*	je conclus tu conclus il conclut n. concluons v. concluez ils concluent	je concluais tu concluais il concluait n. concluions v. concluiez ils concluaient	je conclus tu conclus il conclut n. conclûmes v. conclûtes ils conclurent	je conclurai tu concluras il conclura n. conclurons v. conclurez ils concluront
50. rompre *rompant* *rompu*	je romps tu romps il rompt n. rompons v. rompez ils rompent	je rompais tu rompais il rompait n. rompions v. rompiez ils rompaient	je rompis tu rompis il rompit n. rompîmes v. rompîtes ils rompirent	je romprai tu rompras il rompra n. romprons v. romprez ils rompront
51. vaincre *vainquant* *vaincu*	je vaincs tu vaincs il **vainc** n. vainquons v. vainquez ils vainquent	je vainquais tu vainquais il vainquait n. vainquions v. vainquiez ils vainquaient	je vainquis tu vainquis il vainquit n. vainquîmes v. vainquîtes ils vainquirent	je vaincrai tu vaincras il vaincra n. vaincrons v. vaincrez ils vaincront
52. recevoir *recevant* *reçu*	je reçois tu reçois il reçoit n. recevons v. recevez ils reçoivent	je recevais tu recevais il recevait n. recevions v. receviez ils recevaient	je reçus tu reçus il reçut n. reçûmes v. reçûtes ils reçurent	je **recevrai** tu **recevras** il **recevra** n. **recevrons** v. **recevrez** ils **recevront**
53. devoir *devant* *dû* (due, dus, dues)	je dois tu dois il doit n. devons v. devez ils doivent	je devais tu devais il devait n. devions v. deviez ils devaient	je dus tu dus il dut n. dûmes v. dûtes ils durent	je **devrai** tu **devras** il **devra** n. **devrons** v. **devrez** ils **devront**
54. pouvoir *pouvant* *pu*	je **peux (puis)** tu **peux** il peut n. pouvons v. pouvez ils peuvent	je pouvais tu pouvais il pouvait n. pouvions v. pouviez ils pouvaient	je pus tu pus il put n. pûmes v. pûtes ils purent	je **pourrai** tu **pourras** il **pourra** n. **pourrons** v. **pourrez** ils **pourront**
55. émouvoir *émouvant* *ému*	j' émeus tu émeus il émeut n. émouvons v. émouvez ils émeuvent	j' émouvais tu émouvais il émouvait n. émouvions v. émouviez ils émouvaient	j' émus tu émus il émut n. émûmes v. émûtes ils émurent	j' **émouvrai** tu **émouvras** il **émouvra** n. **émouvrons** v. **émouvrez** ils **émouvront**

条　件　法	接　続　法		命　令　法	同　型
現　　在	現　　在	半　過　去		
je conclurais tu conclurais il conclurait n. conclurions v. concluriez ils concluraient	je conclue tu conclues il conclue n. concluions v. concluiez ils concluent	je conclusse tu conclusses il conclût n. conclussions v. conclussiez ils conclussent	conclus concluons concluez	
je romprais tu romprais il romprait n. romprions v. rompriez ils rompraient	je rompe tu rompes il rompe n. rompions v. rompiez ils rompent	je rompisse tu rompisses il rompît n. rompissions v. rompissiez ils rompissent	romps rompons rompez	**interrompre**
je vaincrais tu vaincrais il vaincrait n. vaincrions v. vaincriez ils vaincraient	je vainque tu vainques il vainque n. vainquions v. vainquiez ils vainquent	je vainquisse tu vainquisses il vainquît n. vainquissions v. vainquissiez ils vainquissent	vaincs vainquons vainquez	**convaincre**
je recevrais tu recevrais il recevrait n. recevrions v. recevriez ils recevraient	je reçoive tu reçoives il reçoive n. recevions v. receviez ils reçoivent	je reçusse tu reçusses il reçût n. reçussions v. reçussiez ils reçussent	reçois recevons recevez	**apercevoir** **concevoir**
je devrais tu devrais il devrait n. devrions v. devriez ils devraient	je doive tu doives il doive n. devions v. deviez ils doivent	je dusse tu dusses il dût n. dussions v. dussiez ils dussent	dois devons devez	注命令法はほとんど 用いられない.
je pourrais tu pourrais il pourrait n. pourrions v. pourriez ils pourraient	je **puisse** tu **puisses** il **puisse** n. **puissions** v. **puissiez** ils **puissent**	je pusse tu pusses il pût n. pussions v. pussiez ils pussent		注命令法はない.
j' émouvrais tu émouvrais il émouvrait n. émouvrions v. émouvriez ils émouvraient	j' émeuve tu émeuves il émeuve n. émouvions v. émouviez ils émeuvent	j' émusse tu émusses il émût n. émussions v. émussiez ils émussent	émeus émouvons émouvez	**mouvoir** ただし過去分詞は mû (mue, mus, mues)

21

不 定 法 現在分詞 過去分詞	直 説 法			
	現　　在	半　過　去	単純過去	単純未来
56. savoir *sachant* *su*	je sais tu sais il sait n. savons v. savez ils savent	je savais tu savais il savait n. savions v. saviez ils savaient	je sus tu sus il sut n. sûmes v. sûtes ils surent	je **saurai** tu **sauras** il **saura** n. **saurons** v. **saurez** ils **sauront**
57. voir *voyant* *vu*	je vois tu vois il voit n. voyons v. voyez ils voient	je voyais tu voyais il voyait n. voyions v. voyiez ils voyaient	je vis tu vis il vit n. vîmes v. vîtes ils virent	je **verrai** tu **verras** il **verra** n. **verrons** v. **verrez** ils **verront**
58. vouloir *voulant* *voulu*	je **veux** tu **veux** il veut n. voulons v. voulez ils veulent	je voulais tu voulais il voulait n. voulions v. vouliez ils voulaient	je voulus tu voulus il voulut n. voulûmes v. voulûtes ils voulurent	je **voudrai** tu **voudras** il **voudra** n. **voudrons** v. **voudrez** ils **voudront**
59. valoir *valant* *valu*	je **vaux** tu **vaux** il vaut n. valons v. valez ils valent	je valais tu valais il valait n. valions v. valiez ils valaient	je valus tu valus il valut n. valûmes v. valûtes ils valurent	je **vaudrai** tu **vaudras** il **vaudra** n. **vaudrons** v. **vaudrez** ils **vaudront**
60. s'asseoir *s'asseyant*[1] *assis*	je m'assieds[1] tu t'assieds il **s'assied** n. n. asseyons v. v. asseyez ils s'asseyent	je m'asseyais[1] tu t'asseyais il s'asseyait n. n. asseyions v. v. asseyiez ils s'asseyaient		je m'**assiérai**[1] tu t'**assiéras** il s'**assiéra** n. n. **assiérons** v. v. **assiérez** ils s'**assiéront**
s'assoyant[2]	je m'assois[2] tu t'assois il s'assoit n. n. assoyons v. v. assoyez ils s'assoient	je m'assoyais[2] tu t'assoyais il s'assoyait n. n. assoyions v. v. assoyiez ils s'assoyaient	je m'assis tu t'assis il s'assit n. n. assîmes v. v. assîtes ils s'assirent	je m'**assoirai**[2] tu t'**assoiras** il s'**assoira** n. n. **assoirons** v. v. **assoirez** ils s'**assoiront**
61. pleuvoir *pleuvant* *plu*	il pleut	il pleuvait	il plut	il **pleuvra**
62. falloir *fallu*	il faut	il fallait	il fallut	il **faudra**

22

条 件 法	接 続 法		命 令 法	同 型
現　在	現　在	半 過 去		
je saurais tu saurais il saurait n. saurions v. sauriez ils sauraient	je **sache** tu **saches** il **sache** n. **sachions** v. **sachiez** ils **sachent**	je susse tu susses il sût n. sussions v. sussiez ils sussent	**sache** **sachons** **sachez**	
je verrais tu verrais il verrait n. verrions v. verriez ils verraient	je voie tu voies il voie n. voyions v. voyiez ils voient	je visse tu visses il vît n. vissions v. vissiez ils vissent	vois voyons voyez	**revoir**
je voudrais tu voudrais il voudrait n. voudrions v. voudriez ils voudraient	je **veuille** tu **veuilles** il **veuille** n. voulions v. vouliez ils **veuillent**	je voulusse tu voulusses il voulût n. voulussions v. voulussiez ils voulussent	**veuille** **veuillons** **veuillez**	
je vaudrais tu vaudrais il vaudrait n. vaudrions v. vaudriez ils vaudraient	je **vaille** tu **vailles** il **vaille** n. valions v. valiez ils **vaillent**	je valusse tu valusses il valût n. valussions v. valussiez ils valussent		注命令法はほとんど用いられない.
je m'assiérais[1] tu t'assiérais il s'assiérait n. n. assiérions v. v. assiériez ils s'assiéraient	je m'asseye[1] tu t'asseyes il s'asseye n. n. asseyions v. v. asseyiez ils s'asseyent	j' m'assisse tu t'assisses il s'assît n. n. assissions v. v. assissiez ils s'assissent	assieds-toi[1] asseyons-nous asseyez-vous	注時称により2種の活用があるが， (1)は古来の活用で， (2)は俗語調である. (1)の方が多く使われる.
je m'assoirais[2] tu t'assoirais il s'assoirait n. n. assoirions v. v. assoiriez ils s'assoiraient	je m'assoie[2] tu t'assoies il s'assoie n. n. assoyions v. v. assoyiez ils s'assoient		assois-toi[2] assoyons-nous assoyez-vous	
il pleuvrait	il pleuve	il plût		注命令法はない.
il faudrait	il **faille**	il fallût		注命令法・現在分詞はない.

NUMÉRAUX（数詞）

CARDINAUX（基数）	ORDINAUX（序数）		CARDINAUX	ORDINAUX
1 **un, une**	**premier**（**première**）	**90**	**quatre-vingt-dix**	**quatre-vingt-dixième**
2 deux	deuxième, second（e）	91	quatre-vingt-onze	quatre-vingt-onzième
3 trois	troisième	92	quatre-vingt-douze	quatre-vingt-douzième
4 quatre	quatrième	**100**	**cent**	**centième**
5 cinq	cinquième	101	cent un	cent（et）unième
6 six	sixième	102	cent deux	cent deuxième
7 sept	septième	110	cent dix	cent dixième
8 huit	huitième	120	cent vingt	cent vingtième
9 neuf	neuvième	130	cent trente	cent trentième
10 dix	**dixième**	140	cent quarante	cent quarantième
11 onze	onzième	150	cent cinquante	cent cinquantième
12 douze	douzième	160	cent soixante	cent soixantième
13 treize	treizième	170	cent soixante-dix	cent soixante-dixième
14 quatorze	quatorzième	180	cent quatre-vingts	cent quatre-vingtième
15 quinze	quinzième	190	cent quatre-vingt-dix	cent quatre-vingt-dixième
16 seize	seizième	**200**	**deux cents**	**deux centième**
17 dix-sept	dix-septième	201	deux cent un	deux cent unième
18 dix-huit	dix-huitième	202	deux cent deux	deux cent deuxième
19 dix-neuf	dix-neuvième	**300**	**trois cents**	**trois centième**
20 vingt	**vingtième**	301	trois cent un	trois cent unième
21 vingt et un	vingt et unième	302	trois cent deux	trois cent deuxième
22 vingt-deux	vingt-deuxième	**400**	**quatre cents**	**quatre centième**
23 vingt-trois	vingt-troisième	401	quatre cent un	quatre cent unième
30 trente	**trentième**	402	quatre cent deux	quatre cent deuxième
31 trente et un	trente et unième	**500**	**cinq cents**	**cinq centième**
32 trente-deux	trente-deuxième	501	cinq cent un	cinq cent unième
40 quarante	**quarantième**	502	cinq cent deux	cinq cent deuxième
41 quarante et un	quarante et unième	**600**	**six cents**	**six centième**
42 quarante-deux	quarante-deuxième	601	six cent un	six cent unième
50 cinquante	**cinquantième**	602	six cent deux	six cent deuxième
51 cinquante et un	cinquante et unième	**700**	**sept cents**	**sept centième**
52 cinquante-deux	cinquante-deuxième	701	sept cent un	sept cent unième
60 soixante	**soixantième**	702	sept cent deux	sept cent deuxième
61 soixante et un	soixante et unième	**800**	**huit cents**	**huit centième**
62 soixante-deux	soixante-deuxième	801	huit cent un	huit cent unième
70 soixante-dix	**soixante-dixième**	802	huit cent deux	huit cent deuxième
71 soixante et onze	soixante et onzième	**900**	**neuf cents**	**neuf centième**
72 soixante-douze	soixante-douzième	901	neuf cent un	neuf cent unième
80 quatre-vingts	**quatre-vingtième**	902	neuf cent deux	neuf cent deuxième
81 quatre-vingt-un	quatre-vingt-unième	**1000**	**mille**	**millième**
82 quatre-vingt-deux	quatre-vingt-deuxième			

1 000 000 | **un million** | **millionième** ‖ **1 000 000 000** | **un milliard** | **milliardième**